NOV 0 2 2007

D1555237

Alimentación emocional

Isabel Menéndez

Alimentación emocional

3 9075 03742127 5

Grijalbo

Primera edición en U.S.A.: septiembre, 2006

© 2006, Isabel Menéndez Álvarez
© 2006, Grupo Editorial Random House Mondadori, S. L.
  Travessera de Gràcia, 47-49. 08021 Barcelona

Quedan prohibidos, dentro de los límites establecidos en la
ley y bajo los apercibimientos legalmente previstos, la repro-
ducción total o parcial de esta obra por cualquier medio o
procedimiento, ya sea electrónico o mecánico, el tratamiento informático, el alquiler o cualquier otra forma de cesión de
la obra sin la autorización previa y por escrito de los titula-
res del copyright.

Printed in Spain – Impreso en España

ISBN: 0-307-37671-0

Distributed by Random House, Inc.

BD 76710

A la memoria de Carmen Álvarez

Índice

INTRODUCCIÓN

1. LA DESPENSA IMAGINARIA

2. LA INFANCIA

3. LA ADOLESCENCIA

4. LA MADRE

5. EL PADRE

6. LA ALIMENTACIÓN Y LOS AFECTOS

7. ANOREXIA

8. TRASTORNOS DE LA ALIMENTACIÓN, PREGUNTAS Y RESPUESTAS

Agradecimientos

Este libro es el fruto de varios encuentros. El primero fue con Juanjo Millás, compañero de mi vida. Su apoyo, su ayuda, su lectura y sus sugerencias fueron fundamentales para aliviar mis carencias y mis miedos a la hora de escribir.

Otro encuentro que cambió mi vida fue el que tuve con el psicoanálisis y, en particular, con Norma Tortosa, mi psicoanalista, que durante años me acompañó e hizo posible con su sabiduría que asumiera mis deseos, el de escribir entre ellos.

También guardo un profundo agradecimiento a mi madre, Carmen Álvarez, que murió, víctima de un accidente, dos meses antes de que yo terminara el libro, por lo que no pudo realizar su deseo de leerlo. Me animó tanto a llevarlo a cabo que en ocasiones pensé que lo escribía para ella. Muchos de los problemas que tuve con la alimentación en mi infancia, y que ella también sufrió, pueden ser el motor que me empujó a escribirlo.

Agradezco a Raquel Gisbert, mi editora, la confianza que puso en este proyecto y los ánimos que me dio para profundizar en un tema que siempre me había interesado. Ella despertó en mí, en cierta medida, el apetito de averiguar más cosas sobre él.

Introducción

Siempre quise escribir sobre el amor y ese deseo fue el motor que me llevó a emprender este libro. Trata sobre los conflictos emocionales que se expresan por medio de múltiples alteraciones con relación a la comida. La alimentación física y la emocional se encuentran íntimamente relacionadas en la historia de cada uno de nosotros. La emocional afecta, cuando no determina, a la física.

Nuestra vida afectiva se expresa también en el modo en que tratamos los alimentos. El acto de alimentarse está íntimamente ligado, desde los primeros momentos de la vida, a la construcción de las emociones. Casi todos los conflictos de nuestro mundo interno tienen un reflejo en el modo en que nos alimentamos. Podemos intentar compensar, con excesos o defectos de la comida, un vacío insoportable, más ligado a necesidades psíquicas que biológicas.

Hoy, los conflictos que giran alrededor de la comida se han convertido en un fenómeno masivo. Los estudios indican un aumento constante de la anorexia y la bulimia. Crece la preocupación por el aumento de la obesidad infantil. Pero lo que está en juego en esta clase de trastornos alimentarios, insistimos, no es el organismo biológico, sino algo que afecta a la subjetividad y que es de orden psicológico.

Cuando aparecen problemas con la comida, convendría reflexionar sobre qué estado de ánimo nos provocan el hambre o la inapetencia; qué deseos, ambiciones, decepciones o fantasías se ocultan tras esos actos que nos llevan a deglutir o a rechazar el alimento. Una mala relación con la comida puede ser la expresión de un conflicto interno. Es inútil perder tiempo y energías controlando obsesivamente la dieta, cuando el peso del conflicto se desarrolla en el mundo de los afectos.

En definitiva, este libro es un intento de reflexionar sobre las dos necesidades básicas del ser humano que, según decía Freud, son: *el hambre* y *el amor*.

EL HAMBRE Y EL AMOR

El hambre se satisface con el alimento; el amor cumple nuestro deseo de ser alguien para otro. Si no se es capaz de satisfacer el hambre, muere nuestro cuerpo; si no se puede amar, el deseo de vivir desaparece y la tristeza nos invade. Alimento y afecto se entremezclan desde el principio de nuestra existencia.

LO QUE NO SE DICE

Las dificultades con la alimentación son una manera de expresar sentimientos que no pueden ser dichos, así como emociones que no pueden ser reconocidas o afectos que desde nuestro inconsciente intentan manifestarse.

La práctica sistemática de regímenes alimentarios puede estar al servicio de una necesidad de castigo, más que de una idea de proteger la salud. La obesidad puede representar el amor a otro y una forma de desamor hacia uno mismo; puede estar escondiendo una vinculación patológica con alguien.

Negarse a comer puede ser un intento de afirmarse internamente o una forma de expresar que la vida no tiene sentido si falta el alimento afectivo; puede esconder una tristeza o ser un modo de llamar la atención. Comer de forma compulsiva y descontrolada sirve, por lo general, para aliviar o reducir la angustia, como veremos en el capítulo 6.

Desamor, abandono, culpa, rabia, celos, rivalidad, angustia o tristeza son algunos de los sentimientos que pueden estar intentando expresarse a través de los conflictos con la alimentación.

Cuando el espíritu se silencia, el cuerpo habla; cuando nuestra boca no pronuncia lo que sentimos, traga para aliviar la tensión emocional. Detenernos a pensar qué nos ocurre y ponerle palabras puede ayudarnos a contener el ansia de comer.

LOS CONFLICTOS CON LA COMIDA

Las dificultades con la comida hablan de nuestro mundo emocional. Son síntomas que nos avisan de la existencia de conflictos internos y ponen de manifiesto dificultades con la expresión de lo que sentimos.

Las luchas internas son acalladas con frecuencia a base de llenarnos la boca de comida para no pronunciar palabras cuya carga emocional puede asustarnos; palabras que se refieren a cosas que no nos permitimos sentir. La boca que se cierra y se abre a la comida es la misma boca que quiere hablar. El orificio por el que penetran los alimentos es el mismo por el que salen las palabras.

Con la comida conseguimos rebajar una tensión que nos molesta. El lenguaje cotidiano está lleno de referencias a esta mezcla entre los sentimientos y la alimentación: «No me lo puedo tragar», refiriéndonos a algo que rechazamos; «se me revuelve el estómago», cuando sentimos asco por algo; «tengo mariposas en el estómago», cuando tenemos angustia.

La comida cubre nuestras necesidades biológicas pero también evoca nuestros deseos vitales, deseos que se inscriben en nuestro mundo interno, en nuestra subjetividad.

Necesitamos comer para no morir y deseamos comer para vivir. Cuerpo y mente, hambre y amor, se complementan y se acompañan. Lo psíquico y lo somático están interrelacionados.

¿Conocemos estas interrelaciones o escapan a nuestro conocimiento?

EL EXTRAÑO QUE LLEVAMOS DENTRO

Todos llevamos dentro un extraño que nos acompaña. Vivimos como si nos conociéramos, como si supiéramos bien cómo somos, pero no es así. Muchas veces nos comportamos de forma que hasta para nosotros resulta misteriosa.

Estamos habitados por un extraño que se ocupa de que se nos olviden cosas, que nos hace soñar, que nos hace comer más de la cuenta o nos deja sin hambre porque nos invade con otras preocupaciones. En nuestra relación con la «alimentación emocional», en ocasiones nos comportamos de forma contraria a como nos gustaría. Así como a veces amamos a quien nos perjudica y no amamos a quien nos trata bien, comemos cuando no queremos hacerlo, mientras que, cuando debemos comer, no podemos. La voluntad y la razón se agotan ante atracones o inapetencias que no podemos dominar. El psicoanálisis llama «inconsciente» a este extraño que vive dentro de nosotros y que determina nuestros más íntimos deseos.

UNA EQUIVOCACIÓN TIENE SU SENTIDO

La siguiente anécdota que cuenta el psicoanalista francés Roger Perron ilustra lo que este libro pretende:

Una señora dice: «El médico ha dicho que mi marido puede comer todo lo que yo quiera» (cuando su intención era decir «todo lo que él quiera»). Al darse cuenta de su error, puede adoptar cuatro posturas diferentes.

La primera: afirma que el lapsus no significa nada y se niega a prestarle el menor interés.

La segunda: atribuye la equivocación a que está cansada o distraída.

La tercera: si alguien le hiciera una broma sobre su deseo de alimentar a su marido como si fuera un niño, podría indignarse.

La cuarta: se impresiona por lo que la equivocación podría expresar de su inconsciente, así que acepta analizarlo y se interroga sobre lo que, muy a su pesar, acaba de ponerse de manifiesto acerca de sus relaciones con su marido y su deseo de tener una posición de más dominio sobre él. Esta última posición la encamina a saber algo sobre sí misma.

A QUIÉN SE DIRIGE EL LIBRO

Este libro plantea la posibilidad de interrogarse sobre algunas motivaciones que, más allá de lo razonable, nos hacen tener unas relaciones conflictivas con la alimentación. Pretende aportar un conocimiento sobre qué nos ocurre con la alimentación para tratar de entender lo que nuestros síntomas intentan decirnos.

Se dirige a todas aquellas personas que desean preguntarse algo más acerca de lo que les ocurre con la alimentación; a todas aquellas que sospechan que sus ataques de hambre o sus inapetencias aluden a movimientos psíquicos que desean ser dichos.

Este libro es un intento de recoger y transmitir algunas ideas que en su mayoría provienen del psicoanálisis. El psicoanálisis nos habla de una dimensión del deseo humano que poco tiene que ver con la satisfacción de las necesidades biológicas.

La propuesta consiste en intentar escucharnos mejor para nombrar las inquietudes y formular las preguntas que nos aproximen a entender qué se oculta tras algunos conflictos relacionados con la comida. Escogemos la designación de «alimentación emocional» porque con ella tratamos de señalar la importancia que en este tipo de problemas tiene el mundo afectivo.

Algunas preguntas

¿Es posible que los problemas para alimentarnos bien tengan relación con los problemas para nombrar nuestros afectos?

¿Podríamos estar utilizando la comida como un analgésico del dolor psicológico?

¿Podríamos protegernos tras unos kilos de más del miedo a ser deseadas?

¿La extrema delgadez sería un intento desesperado de eliminar la carne y las curvas que evocan lo femenino?

¿Podría un adolescente plantear una pelea con sus padres por la comida para demostrarles que es dueño de su cuerpo y decide qué se mete dentro de él y qué no?

¿El aumento de los conflictos con la alimentación podría estar señalando que dedicamos menos tiempo a comer y también obtenemos menos placer al hacerlo?

¿El crecimiento de este tipo de conflictos podría estar relacionado con la evidencia de que se pretende acallar con comida, y de forma rápida, cualquier malestar emocional?

¿Comer demasiado o no querer comer puede ser un intento de buscar una solución somática a una tensión interna porque no se ha encontrado una solución psicológica?

¿Podrían el ansia por comer o la inapetencia interpretarse como un intento de restaurar un interior dañado?

¿Podríamos entender la anorexia y la bulimia como una

forma de destruir el cuerpo sexuado y borrar las formas que lo evocan?

Estas preguntas son oportunas en un momento en el que los problemas relacionados con la alimentación aumentan, lo que quizá se produzca por la poca atención que se presta al mundo del ser (la identidad, la vida emocional), y lo mucho que se privilegia el parecer (la imagen).

1

La despensa imaginaria

La despensa imaginaria

Deseos, fantasías, carencias, sueños, ilusiones, afectos, ideales: de todos estos ingredientes se alimenta nuestra mente.

Nuestro psiquismo está formado por un mundo en el que se interrelacionan permanentemente las emociones y los pensamientos. Cuando nos sentimos bien con nosotros mismos, aceptamos también nuestros cambios vitales y, sobre todo, nuestras carencias y dificultades. Ello es posible porque estamos bien alimentados psicológicamente hablando.

Cuando nuestra despensa imaginaria contiene los ingredientes necesarios para no pasar «hambre de amor», es como cuando nuestra nevera se encuentra razonablemente provista de los ingredientes necesarios para alimentar el cuerpo. Nuestro grado de salud mental será equiparable entonces al de la salud física porque habrá un equilibrio entre lo que queremos y lo que conseguimos, entre cómo somos y cómo deseamos ser. Nuestras fantasías, sueños y deseos tendrán unas proporciones adecuadas, lo que quiere decir que hemos llegado a amar no sólo nuestra fuerza, sino también nuestras debilidades.

Si, por el contrario, mantenemos luchas internas por la distancia entre lo que queremos y lo que conseguimos; si nuestra subjetividad sufre; si no hemos podido elaborar nuestra historia afectiva, es posible que nuestra despensa imaginaria se halle mal equipada. En tal caso, quizá nos falten ilusiones o sueños, quizá se nos estén agotando las reservas de deseos y sin embargo nos sobren carencias y tristezas. Entonces no será raro que intentemos tapar ese vacío interno saciándonos de comida. Más que disfrutar con lo que comemos, sufriremos síntomas que nos harán estar mal.

EL FUNCIONAMIENTO MENTAL

La comida nunca es sólo comida, es también el vehículo a través del cual, cuando éramos pequeños, recibíamos el alimento afectivo de la persona que nos cuidaba. Este alimento es fundamental para la vida, para la vida psíquica. Así pues, sobre las necesidades corporales se levanta y se construye el psiquismo humano.

Además de con la leche, la madre alimenta al niño con su afecto, con sus palabras, con el tono en que se dirige a él, así como con la forma en que lo acoge entre sus brazos, con las canciones con las que le ayuda a dormirse, etc. Todo ello son ingredientes fundamentales para el crecimiento del niño. El alimento material se trenza con el afectivo de tal modo, que si falta éste, aunque sobre aquél, el niño puede morir.

Así pues, el adulto filtra al niño, junto con la comida material, su angustia, su impaciencia, su exigencia o su placer al alimentarlo. En este intercambio el niño tiene una posición absolutamente receptiva.

LA SEXUALIDAD

Desde el punto de vista del psicoanálisis, la identidad sexual es una construcción psíquica que determina a la persona y le hace tomar una posición frente a sus deseos, ya sea con relación a lo que quiere con otro o a lo que quiere para sí.

Se forma, en primer lugar, por el contacto con el cuerpo de la madre, y, más tarde, con el intercambio que realiza con su entorno. A lo largo de este proceso se producen un conjunto de fantasías y vivencias que fundan la base sobre la que se va constituyendo su psiquismo y su subjetividad.

Las palabras de los padres, sus expectativas y deseos existen incluso antes de nacer y funcionarán mientras se crece. La sexualidad humana es como un tapiz que se teje entre las palabras que nos dirigen y los cuidados que nos dan. De esta forma se crean en el cuerpo zonas erógenas que funcionarán de un modo u otro en función de cómo se hayan elaborado esos primeros vínculos.

DENTRO-FUERA

Estas zonas erógenas se construyen en torno a orificios muy sensibles, como la boca y el ano, a través de los cuales se realizan los intercambios básicos con el mundo externo, que en un principio son mamar y defecar. La forma en que se realizan los primeros cuidados, que en principio son de protección, puede provocar efectos indeseables cuando la madre no puede atender a las necesidades del niño e impone estos cuidados según sus propios intereses o conflictos. Cuando esto sucede, es porque los adultos que cuidan al niño han sufrido una educación emocional mala. Quizá ellos mismos no han sido respetados en sus ritmos, se les ha exigido más de la cuenta, no se ha confiado en sus posibilidades, o no se les ha dado tiempo a madurar. A veces, en casos extremos, se ha abusado de ellos. Si no han podido elaborar estas tristes experiencias infantiles, repiten con sus hijos hábitos dañinos que más tarde provocarán síntomas.

El punto de partida de la sexualidad humana, tanto en el hombre como en la mujer, se levanta sobre una posición pasiva. Desde esta posición, el bebé recibe no sólo el alimento material, sino la afectividad que transmite su madre, compuesta por el amor, la ternura, la tranquilidad, pero también por sus inquietudes y miedos. Esta posición pasiva viene determinada porque el bebé, indiferenciado en principio de su madre, acepta lo que le viene de ella como propio. A partir de esa unión corporal, el niño y la niña tendrán que diferenciarse de su madre para poder llegar a ser ellos mismos.

Nuestras primeras sensaciones corporales están asociadas al hambre, a los primeros cuidados que nos dieron, y a las primeras frustraciones que sentimos. En este intercambio entre madre e hijo se organiza la llamada «fase oral» (del latín *os-oris*: boca).

LA FASE ORAL

Se denomina así a la primera fase de la evolución humana, en la que el máximo placer está ligado a la cavidad bucal. Los labios se convierten en una zona erógena privilegiada. Todo, en esta fase, gira en torno a la alimentación.

Freud, en su obra *Tres ensayos para una teoría sexual*, describe un tipo de sexualidad oral que se pone de manifiesto en los adultos. La boca fue la primera zona del cuerpo susceptible de producir placer al ser la vía por la que penetraba la leche de la madre. En los adultos podemos ver las huellas de este erotismo oral en el beso; en algunas prácticas sexuales; en la costumbre de beber o fumar, y en algunos hábitos de comida. El objetivo del erotismo oral es la estimulación de esta zona erógena cuya actividad provoca un alivio de la tensión interna.

Las personas que se han quedado fijadas en esta etapa pueden tener conflictos con la comida, entre otras adicciones. Al no saber enfrentarse a las situaciones actuales de frustración, regresan a un placer seguro, conocido y ancestral: regresan, en suma, a la oralidad.

Sobre la oralidad, que es el placer que se registra en la boca, comienza nuestra relación con el otro.

LA ORALIDAD

La boca es la zona del cuerpo más sensible en la tarea de mantener interrelacionadas la realidad interna y la externa. La boca es el primer orificio a través del cual encontramos satisfacción y placer al relacionarnos con el otro. Satisfacción en el plano biológico, porque calma la tensión que se produce en el interior del cuerpo del bebé cuando siente hambre. Y placer porque en el modo de dar la comida siempre hay en juego un interés emocional indispensable para que ese alimento sea digerido. El lactante depende por completo del auxilio ajeno, por lo general de la madre, que está allí para calmar el hambre.

Ya veremos con detenimiento, en el capítulo 4, la importancia de la madre en la alimentación de su hijo.

BEATRIZ: CHOCOLATE PARA ENDULZAR EL ALMA

Mientras desde el otro lado del hilo telefónico su madre le contaba todo lo que hacía o dejaba de hacer su hermano, Beatriz se llenaba de malestar. Estaba harta de que le hablara de él, de su cuñada, de los niños…, pero que jamás se interesara por ella. Había comenzado a trabajar como ilustradora y apenas le preguntaba por su trabajo. Sin embargo, continuaba esperando esas palabras de reconocimiento que nunca llegaban, mientras respondía con monosílabos: «Sí, claro, bueno, a lo mejor…». Cuando se despidió de su madre y colgó el teléfono, apretó los dientes: se sentía mal. No sabía qué nombre dar a su malestar, quizá enfado, quizá rabia. Se dirigió a la cocina y abrió la nevera porque necesitaba comer para anestesiar su inquietud. En efecto, mientras mordía una onza de chocolate, su irritación comenzó a disminuir. Masticaba con fuerza, apretando las mandíbulas, y su rabia se diluía con el chocolate en el interior de su cuerpo. Al mismo tiempo, parecía que éste le endulzaba el alma.

Sin embargo, enseguida se sintió invadida por otro malestar, ya que hacía tres meses había comenzado una dieta con la que había logrado adelgazar cinco kilos. Pensó que ahora iba a perder lo conseguido. Además de sentirse llena, se encontraba mal consigo misma, porque lo que hacía no era comer, sino engullir. Más que masticar, mordía. Al poco, se dirigió al baño y sólo después de vomitar se sintió a gusto.

No conseguía entender qué le estaba pasando, por ello decidió acudir a una psicoterapia. Allí llegó a la convicción de que si no arreglaba la relación con su madre tampoco dejaría de ser esclava de la báscula. Cuando se miraba en el espejo, pocas veces se gustaba, la imagen que le devolvía nunca tenía que ver con lo que ella esperaba encontrar. Continuamente comenzaba regímenes que la hacían estar pendiente de la comida, sufriendo por lo que no podía comer y gozando cuando transgredía la dieta. Claro que luego aparecía la culpa y volvía a sentirse horriblemente mal. La lucha por conseguir un peso ideal era el reflejo de su lucha por conseguir una identidad que no se tambaleara ante la falta de apoyo materno y ante la precariedad del afecto paterno. Cuando no se sentía apoyada, comía mucho para recuperar una imagen infantil que a su madre le gustaba, ya que, cuando era niña, la madre solía presumir de hija refiriéndose a lo hermosa que estaba: lo que estaba, en realidad, era gordita, igual que su progenitora. También se excedía con la comida para castigarse a sí misma por intentar ser diferente de su madre, pues intuía de manera inconsciente que adelgazar sería una forma de separarse de ella.

La subjetividad de Beatriz se encuentra en conflicto porque no es capaz de mantener una relación con su madre en la que no se sienta culpable. En la psicoterapia aprendió a mirarse de otra manera, porque también sus padres pasaron a ocupar para ella otro lugar. Se reconcilió con su feminidad cuando pudo elaborar la mala relación que tenía con su madre y aceptó las dificultades de ésta. Sólo entonces pudo dejar de identificarse con ella y dejar de comer y de ser gorda como ella. Cuando pudo elaborar la culpa y separarse de la madre, también pudo desear para sí un cuerpo distinto del de su madre. Entonces no sólo se llevó mejor con ella, sino que cambió también la imagen que tenía de su cuerpo y de sí misma. Beatriz nunca le decía a su madre lo que sentía y esto le daba rabia. A su vez, este sentimiento tan extremo la hacía sentir culpable. Entonces aliviaba la culpa castigándose y comiendo demasiado. Estos movimientos afectivos eran inconscientes, pero poseían una enorme fuerza porque mantenían intacta la intensidad pasional con la que se experimentan en la primera infancia.

A lo largo del tratamiento encontró dentro de sí a una niña enfadada y construyó una mujer reconciliada consigo misma. Fue como volver a nacer. Equipó su despensa imaginaria con mejores alimentos. Descubrió que, en muchas ocasiones, no es la realidad externa la que causa el sufrimiento, sino la interpretación que se hace de ella a partir de conflictos reprimidos y no resueltos. Los sentimientos inconscientes de rabia y odio que Beatriz tenía hacia su madre (hacia la imagen interiorizada de ella) eran los que le estaban arruinando la posibilidad de encontrarse bien con su cuerpo y por tanto con la imagen que tenía de sí misma.

La imagen de nuestro cuerpo

Todos hemos construido una imagen interna que contiene la síntesis viva de todas nuestras vivencias emocionales. No nos vemos objetivamente porque una mirada objetiva sobre nosotros mismos es imposible. Nos miramos con los ojos de nuestra subjetividad, por ello en muchas ocasiones no coincide cómo nos vemos y cómo nos ven. Construimos una imagen de nuestro cuerpo con las caricias que nos hacen, las palabras que nos dedican y con toda una serie de vivencias que nos vienen de aquellos que nos rodean.

Esta imagen que tenemos sobre nosotros recoge todas las experiencias que se han mantenido con el otro. Es el resultado de las sensaciones que han excitado partes de nuestro cuerpo, incluso antes de tener conciencia de un «yo». Se trata de una imagen propia y personal, ligada a nuestra historia afectiva y sensual.

En la imagen de nuestro cuerpo se guarda la memoria de nuestra historia emocional. Contiene las sensaciones más arcaicas y primitivas, pero al mismo tiempo es actual porque mantiene una relación dinámica con lo que se siente aquí y ahora.

Todo contacto con el otro, sea de acercamiento o de rechazo, se asienta en la imagen que tenemos de nuestro cuerpo.

Una evolución sana de la persona depende de que esta imagen, siempre inconsciente, se haya constituido sin tener sentimientos de invalidez o desaprobación por parte de los adultos. Es la relación emocional de los padres con su hijo la que constituye fundamentalmente esta imagen, que será la base sobre la que se apoyará la evolución psíquica de la persona y de la que dependerá el grado de aceptación que tenga de su cuerpo.

UNOS GRAMOS DE AUTOESTIMA

Cuando no aceptamos nuestro cuerpo o nuestra manera de ser, la evolución psíquica se detiene o se complica demasiado. Entonces pueden aparecer dificultades con la comida ya que intentamos explicar el rechazo que provocamos en los otros o en nosotros mismos por esos kilos de más. Quizá nos sobren menos kilos de los que creemos, pero nos falten unos gramos de autoestima. Al focalizar toda nuestra atención en el peso, negamos la angustia que nos produce adentrarnos en nuestro mundo emocional. Es más fácil controlar la báscula que el psiquismo.

En algunas ocasiones es preciso acudir a una psicoterapia para aprender a utilizar otros ingredientes afectivos que alimenten mejor nuestro mundo emocional.

LOS CONFLICTOS DE PESO

Los conflictos del mundo emocional afectan a nuestro estado de ánimo, pero también pueden expresarse en nuestro cuerpo haciéndole coger, por ejemplo, unos kilos de más. Entre los problemas que hacen que nuestro cuerpo coja demasiado peso se encuentran:

- El miedo a crecer: Tras un exceso de comida puede hallarse el deseo de mantener un vínculo con un ambiente familiar demasiado protector. Inconscientemente, la abundancia de alimentación se asocia a que los padres están cerca para saciar el hambre y proteger las carencias. Ante el temor a enfrentarnos solos a decisiones complicadas, se puede comer más de la cuenta.

- Sentimientos agresivos: La necesidad de descargar emociones agresivas y no saber cómo hacerlo puede conducir a devorar alimentos. Esto responde a una fantasía inconsciente, que sería el intento de destruir lo que hace daño incorporándolo dentro del propio cuerpo. Es una forma de tragarse la rabia, que de este modo se vuelve autoagresiva.

- Dificultades afectivas: Cuando un estado emocional amenaza con desbordar nuestra capacidad de control, se puede recurrir a la comida para aliviar estas tensiones afectivas. La comida funciona como si tuviera un elemento mágico que aplaca momentáneamente los afectos que no se pueden controlar.

El vacío interior, que pertenece al terreno de la mente, puede intentar llenarse con la comida. De este modo, algo material vendría a llenar lo innombrable, lo que angustia, lo que no se puede dominar por medio de la razón ni del pensamiento. Entonces aparecen los síntomas (inapetencia, atracones, compulsiones, obesidad, anorexia, bulimia) alrededor de la alimentación.

¿QUÉ ES UN SÍNTOMA?

Todo síntoma procede del conflicto de desear y detestar algo al mismo tiempo. El «yo» lo rechaza porque es desagradable, pero a la vez desea que se realice. El síntoma expresaría esta contradicción insoportable. El deseo se disfraza en el síntoma: la agorafóbica, por ejemplo, teme salir y convertirse en una mujer de la calle, porque no puede controlar su sexualidad. Para protegerse, recurre al miedo a salir. El deseo es, desde luego, inconsciente, oculto para sí misma. Al desplazar la amenaza de dentro a fuera, se forma el síntoma. Los síntomas se muestran tanto en el plano psicológico (fobias, obsesiones, ideas paranoicas), como en el plano corporal: muchos malestares somáticos nos hablan de sufrimientos psíquicos que no pueden resolverse más que por una manifestación en el cuerpo. Entre estos últimos estarían los relacionados con los problemas en torno a la alimentación. Por ejemplo, los ataques de hambre o la obsesión por el peso y las dietas. En el capítulo 6 veremos cómo los ataques de hambre de Lucía están al servicio de controlar los deseos que la empujan hacia la infidelidad y a los que ella no quiere ceder.

Así pues, un síntoma es una forma de compromiso entre un deseo inconsciente y un sistema defensivo consciente que lucha contra él. Deja que se exprese porque no puede dominarlo, pero el «yo» lo disfraza para no angustiarse. El síntoma muestra un conflicto, pero también oculta su sentido a la conciencia.

Todo síntoma tiene, según la teoría psicoanalítica, un significado inconsciente que intenta resolver a través de la interpretación. La curación se produce cuando el sujeto puede integrar en su psiquismo el conocimiento del sentido del síntoma.

De esta forma, el síntoma puede sacar a la luz aspectos de la persona que de otro modo quedarían ocultos. Debe tenerse en cuenta que todo síntoma trata de decirnos algo de nosotros mismos.

EL SENTIDO DE LOS SÍNTOMAS

Los síntomas son un lenguaje que hay que descifrar y todos ellos tienen, como decíamos, un sentido.

Su origen se encuentra en sucesos, reales o fantaseados, de la infancia, que conservan su valor traumático, aunque no se puedan recordar.

La persona no sospecha la conexión causal que existe entre el síntoma que padece y sus fantasías inconscientes.

Se trata de una relación simbólica; por ejemplo, la que existe entre una neuralgia y un dolor psíquico, o entre las náuseas y la repugnancia sexual o moral.

Los síntomas expresan algo que la persona no puede comprender por sí misma. Por esa razón, cuando el psicoterapeuta encuentra las palabras adecuadas y puede pronunciarlas porque la persona está preparada para escucharlas, los síntomas se alivian y en algunos casos desaparecen: se ha podido dar un sentido a lo que estaba oculto.

Este proceso por el que la persona que sufre consigue poner palabras a su desconsuelo es el que se lleva a cabo en un tratamiento psicoterapéutico. El psicoterapeuta, gracias a su formación, es capaz de escuchar y construir lo que el paciente ignora de sí mismo. A medida que éste pueda ir aceptando lo que le ocurre, el psicoterapeuta le suministrará ese conocimiento. Al integrar en su conciencia la noción de lo que sus síntomas representan, se liberan los conflictos que estaban aprisionados en ellos.

LA COMIDA Y LOS RECUERDOS

Algunos alimentos tienen un valor especial porque han estado asociados a afectos placenteros que alimentaban nuestra estima, a relaciones donde el amor y la ternura se enlazaban y nos hacían sentir bien.

Entonces, cuando necesitamos aliviar nuestra tristeza, buscamos aquel alimento asociado con un instante de la vida en el que nos sentíamos seguros y queridos.

Las comidas que se preparan para Navidad, por ejemplo, suelen estar asociadas en la infancia a una sensación de seguridad y protección importante, porque los niños se sienten más protegidos si saben que tienen muchos adultos a los que pueden recurrir.

La abundancia de comida característica de algunas celebraciones familiares evoca en los adultos recuerdos infantiles y proporciona vivencias de seguridad en los niños.

En estas ocasiones, no falta nada de lo que es importante en la vida: comida, compañía y el amor de la gente que queremos. Estas comidas tratan de paliar la sensación infantil de desamparo que todo niño tendría si un adulto no le proporcionara alimentos y amor.

Un alimento puede estar asociado a alguien que nos trataba con cariño, de tal modo que, aun hoy, al ingerirlo, nos sentimos como en aquel entonces. Por ejemplo, solemos recordar los bollos de la abuela porque la ternura y el tesón con los que estaban hechos constituían una muestra de su amor por nosotros.

Entre nuestros recuerdos más importantes, se encuentran los olores y los sabores infantiles asociados a la cocina de casa, a la comida de mamá o de la abuela, a las reuniones familiares.

La magia de la comida

De la misma manera que todos creímos alguna vez que nuestros padres tenían poderes mágicos para resolver nuestros conflictos, se suelen atribuir poderes especiales a la comida, pues puede representar el poder o la seguridad que nos faltan ante determinadas situaciones de la vida, por su capacidad para evocar al padre, a la madre, a los primos, al entorno familiar, tan acogedor y seguro.

Cuando la desesperación nos conduce hacia la comida, es como si esperáramos ingerir todo lo que ella simboliza.

Lo que se oculta tras el saber consciente

La lucha que se puede llegar a establecer entre lo que se quiere y lo que se puede demuestra que, más allá de nuestros deseos razonables y conscientes, podemos estar dominados por impulsos que no controlamos, y que sin darnos cuenta nos empujan hacia un alimento con un sabor determinado. Nuestro inconsciente es un tejido formado por asociaciones y significados que actúan sobre la vida consciente y que está al servicio de intereses emocionales que nos son propios, pero también desconocidos. Nuestro inconsciente es ese extraño que llevamos dentro y al que nos hemos referido en la Introducción.

LA COMIDA Y LA TOXICOMANÍA

¿Podríamos considerar la compulsión a comer como cualquier otra adicción?

Cuando un exceso de excitación interna invade a un sujeto y lo desborda, éste no tiene capacidad para tolerar la angustia que le produce y puede buscar la solución en un comportamiento adictivo. El adicto busca una sustancia que calme una ansiedad que no puede soportar, una excitación para la que no tiene ninguna solución psicológica; entonces, encuentra una solución en el cuerpo.

Sentimientos de cólera, incertidumbre, aislamiento, culpabilidad o depresión se adormecen o se neutralizan cuando se acude a la solución adictiva.

Las personas más propensas a padecerla tienen poca tolerancia a la frustración y son incapaces de controlar los impulsos. Una de las causas de las adicciones tiene que ver con la calidad de la relación entre madre e hijo. Según el pediatra y psicoanalista D. Winnicott, una madre tiende a sentirse fusionada con su bebé durante las primeras semanas. Es lo que llama «preocupación maternal primaria», de la que hablaremos de forma más extensa en el capítulo 4. Subraya que si el deseo materno se mantiene más allá de lo conveniente, esa fusión se vuelve patógena para el niño. Si el bebé tiene que cubrir los vacíos internos de la madre, ésta inhibirá inconscientemente la autonomía del niño a través de sus miedos, que transmitirá al pequeño y generará en él una relación «adictiva a su presencia» y a sus cuidados.

ENFERMEDADES PSICOSOMÁTICAS

Reprimir y/o expresar una emoción repercute de un modo u otro en el cuerpo. La cólera, la depresión o el miedo se manifiestan con palabras, gestos o muecas. Pero también con disfunciones orgánicas. El lenguaje está lleno de traducciones corporales que expresan emociones y afectos. Por ejemplo, decimos «esto me da náuseas» para referirnos a algo que no podemos procesar mentalmente. También podemos decir que se nos revuelve el estómago cuando la cólera o la angustia nos habitan.

Según el médico y escritor Gilbert Tordjman, el hombre reaccionará de forma diferente si el estrés psicoafectivo aparece antes o después de la adquisición del lenguaje.

El lactante, que no tiene la posibilidad de traducir sus deseos y emociones con recriminaciones verbales, está obligado a expresar sus sentimientos a través de su cuerpo. De este modo, después del destete o de un aprendizaje demasiado rígido de los hábitos de higiene, el niño puede demostrar su insatisfacción con vómitos. Quizá se niegue a comer o a dormir. Cuando se dispone de palabras para expresar la emoción, ésta se puede moldear a través del pensamiento verbal. El lenguaje cambia nuestra forma de ser en el mundo.

Es posible que las personas que padecen trastornos psicosomáticos los lleven impresos antes de hablar. Un lactante que haya tenido dificultades con el sueño y la alimentación será más propenso que otras personas a enfermedades psicosomáticas, sobre todo si experimenta emociones que entran en resonancia con sus antiguos conflictos.

No es lo mismo necesitar que desear

La comida es necesaria para existir, pero el deseo de ella, el deseo de que otro nos alimente, tiene implicaciones que van más allá de la mera supervivencia biológica. La necesidad pertenece al mundo biológico; el deseo, al psicológico. Deseamos lo que no tenemos. Deseamos porque alguien nos enseñó a esperar y a no obturar inmediatamente nuestras necesidades para, de esta manera, aprender a dominar nuestros impulsos.

La posibilidad de que algunos deseos no se realicen conduce a aceptar que tenemos limitaciones, a reconocer nuestras carencias. El deseo se realiza pero no se agota. Si el deseo se agotara, ¿para qué seguir viviendo? No habría que buscar nada más en este mundo.

De la comida al amor

La comida se inscribe en el terreno de la necesidad biológica; el amor, en el ámbito de los deseos que precisamos
para sentirnos bien con el otro y con nosotros mismos. El
amor nos hace humanos y somos capaces de sentirlo cuando reconocemos al otro como diferente, cuando hemos organizado nuestro psiquismo y hemos elaborado una subjetividad propia.

Se aprende a comer y se aprende a amar.

Datos para el recuerdo

- Nuestra despensa imaginaria puede contener todo lo
  necesario para no pasar hambre de amor. Ingredientes esenciales: reconocimiento, autoestima, cariño, ilusiones. Pero también puede estar vacía de alimentos
  que sirvan para preparar una comida que nos haga disfrutar de la vida. Hay personas en cuya despensa se
  amontonan tarros de rabia, bandejas de desesperan-
  za o botes malolientes por el moho que produce la
  envidia.
- El bebé toma junto con la leche el alimento afectivo
  que le aporta su madre.
- Los orificios del cuerpo son las zonas en las que se
  produce el intercambio entre el «dentro» y el «fuera». La primera es la boca. Con la oralidad, que es el
  placer que se registra en la boca, comienza nuestra relación con el otro.

- La imagen que tenemos del cuerpo es inconsciente y subjetiva; contiene la síntesis de todas nuestras vivencias emocionales.
- Los excesos con la comida pueden intentar acallar vacíos que pertenecen a nuestro mundo emocional.
- Un síntoma es la forma que adopta lo reprimido para manifestarse en forma de conflicto. Todos los síntomas tienen un sentido, un significado que hay que saber descifrar.
- El sentido de los síntomas es lo que se descifra en un tratamiento psicoterapéutico. Al integrar en la conciencia el conocimiento del sentido del síntoma se liberan los conflictos que estaban aprisionados en él.
- Algunos alimentos que nos gustan especialmente están asociados a algo que nos hacía sentir bien en la infancia.

2

La infancia

Al bebé, la vida le penetra por la boca, a través del alimento que le da su madre. Los momentos dedicados a la alimentación son los más importantes porque son momentos de satisfacción orgánica. Junto a ella, se levanta un placer erógeno, por lo que el bebé comienza también a experimentar un deseo que va más allá de la necesidad de alimentarse.

En un principio, el bebé se siente uno con la madre. Junto a la leche materna, a su sabor y a su calor, se filtra otro alimento: el afectivo, que es fundamental para que la vida siga adelante. El niño y la madre tienen que llegar a tener confianza el uno en el otro. Para que esto se produzca, la madre tiene que haber desalojado de su psiquismo la idea de ser sólo hija para adoptar también el papel de madre. Por esta razón, el ambiente en que se produce el amamantamiento tiene que ser tranquilo y estar libre de tensiones, tanto internas como externas.

Si la madre está ansiosa, impaciente o tensa, el niño experimenta por contagio ese clima afectivo, afirma Françoise Dolto, psicoanalista francesa especializada en los conflictos de la infancia y la adolescencia.

Entonces el niño bebe angustia con la leche.

LOS HORARIOS

Cuando nace un bebé aparecen preguntas sobre cómo y cuándo hay que alimentarlo. ¿Cada cuánto tiempo es conveniente darle el pecho? ¿Es mejor ponerle horarios o darle de mamar cuando lo pida? ¿Conviene adaptarlo a ritmos fijos o es preferible que él marque el ritmo?

La alimentación natural, según Donald Winnicott, pediatra y psicoanalista inglés, se realiza cuando el bebé lo desea y cesa cuando el bebé deja de desearlo. Ésta es la base sobre la cual el niño puede llegar a ponerse de acuerdo con su madre.

Hay razones tanto para imponer horarios como para dejar que sea el bebé quien lo haga.

Horarios fijos: esta primera opción es para que no se acostumbre mal y para que la madre pueda organizar su vida entre toma y toma, ya que tiene otras cosas que hacer. Sin embargo, como en un primer momento el niño no distingue todavía entre él y su madre, vive la tensión de no recibir la comida como una tensión interna que no sabe dominar.

Horarios libres: esta segunda opción, que tiene en cuenta el ritmo que el niño marca, tiene más beneficios psicológicos a la larga, aunque en un primer momento pueda parecer más incómoda para la madre.

- Primero el niño siente que ejerce algún tipo de control sobre el ambiente que le rodea y que ese ambiente lo entiende.
- Si desde el principio el bebé se tiene que adaptar a normas, reglas y preceptos, la vida se torna menos arriesgada pero también más aburrida.

Lo más conveniente es que cada madre siga los horarios que su sensibilidad le permita poner para sentirse bien y segura en la importante labor que realiza.

LOS VÓMITOS DEL BEBÉ

El bebé no puede hablar, sólo puede llorar o vomitar, y éstas son sus formas de comunicarse. Los vómitos repetitivos, si no tienen una causa orgánica, se producen cuando la madre no se comunica con él debido a la angustia o a una preocupación extrema que no la deja tomarse la relación con su bebé de forma relajada.

Antes de digerir lo que ha penetrado en su cuerpo, el bebé lo rechaza para que todo vuelva a empezar y así la madre permanezca más tiempo a su lado.

Podríamos decir que los vómitos son un síntoma, un modo de decir algo que no puede decir de otra forma porque carece de recursos para ello. El niño suele conseguir la respuesta que busca por parte de la madre: por lo general, que no se vaya y se quede más a su lado. En estas situaciones, si la madre se desespera y decide confiar el niño a otra persona a la que suponga más capacitada que ella, el síntoma del niño se agravará, por lo que es más conveniente que la madre busque ayuda para estar relajada, pero sin separarse del niño en esos momentos.

La ayuda que en primer lugar desea la madre es que el padre se comprometa en el proceso y la apoye en lo que sea necesario. Es importante que la madre sepa y pueda compartir la tarea de alimentar a su bebé, que tenga la intención de compartir el proceso con el padre y que éste tenga el deseo de hacerlo. La madre no debe monopolizar los cuidados del bebé; este afán la agobia a ella y perjudica al hijo.

Además del padre, es importante buscarse un sistema de apoyo que permita a la madre descansar y no sentirse agobiada. En ese sentido, suelen ser muy eficaces las abuelas, en especial las que disfrutan cuidando a los nietos sin sentirse obligadas a ello.

El chupeteo

¿Qué hace el bebé para calmarse cuando tiene hambre? Chupar el dedo o el chupete que sustituyen al pezón o la tetina del biberón. Este chupeteo calma su ansiedad y también lo relaja cuando está nervioso porque chupando obtiene un placer asociado a la presencia de la madre. Al estimularse la mucosa oral, la boca se erogeniza y adquiere una capacidad de obtener placer que va más allá de la función alimenticia. Encuentra un placer que no procede sólo del alimento, sino del contacto de la mucosa con el pecho materno.

Cuando el chupeteo del pulgar se prolonga más allá de lo conveniente, se debe a que la madre no ha sabido sustituir el pezón por otros objetos calmantes.

El chupete es útil porque obliga a esperar al niño, lo que después le servirá para ir despidiéndose de él. Cuando el niño quiere crecer, llega un momento en que ya no necesita ni el dedo ni el chupete.

LAS PALABRAS COMO ALIMENTO

Las primeras palabras que recibe un recién nacido son importantes. La manera en que la madre habla por primera vez a su bebé marca en alguna medida su historia. Según Dolto, tanto la madre como el niño se encuentran en una situación de especial vulnerabilidad, viven una relación intensa y muy arcaica y las palabras que se pronuncian en esa situación determinan de algún modo su futura relación.

Una persona que está en un momento emocional intenso se encuentra particularmente receptiva a lo que le viene de fuera. Toda situación excepcional provoca un estado de alerta propicio a que queden grabados en la memoria los diferentes aspectos que se pueden recibir. En el momento del parto se produce, tanto en la madre como en el bebé, una fuerte carga afectiva y todo lo que se dice entra con mucha fuerza.

Las personas que rodean a la mujer que acaba de tener un niño deberían esforzarse por decir palabras agradables. En esos momentos, algunas madres prefieren que las salven de familiares incómodos o mujeres agoreras o envidiosas que sólo pronuncian futuribles incómodos tales como «qué guerrero es este niño, ya verás cuando crezca», «pues si tiene este carácter ahora, qué será más adelante», «parece muy inquieto», etc. Este tipo de frases atacan en cierta medida la relación entre ambos.

Dolto cuenta algunos casos de madres que acudieron a su consulta por problemas en la relación con sus hijos y muchas de ellas decían: «Ya me lo dijo la matrona cuando parí».

Las primeras palabras que se dirigen a un bebé son el primer alimento afectivo que penetra en su ser y que lo reconoce como ser humano que le da un lugar en el mundo: por esa razón deberían ser agradables, ya que su fragilidad es extrema. La voz de la madre y el tono en que se pronuncian son tan importantes como la leche que necesita para crecer.

La lengua materna

«Eso lo ha mamado desde la cuna», hemos oído decir a veces, y sabemos que no se refiere a un tipo especial de leche o de alimentación. «Eso» que el bebé ha mamado no es sólo leche.

Ha mamado una manera de estar en el mundo, una forma de sentir, de ser aceptado o rechazado. Mama la historia de sus progenitores y con ella se conforma la base de su propia historia. Mama una temperatura y un olor determinados, el sonido de la voz de su madre, un acento, una lengua materna.

Todo un mundo de percepciones y sensaciones es asimilado por el niño a través de los sentidos.

Los brazos tienen voz cuando la madre canta una canción de cuna. Una canción tiene un tono que alimenta al bebé tanto como la leche. La canción de cuna es la lengua materna.

Las canciones de cuna hacen que las palabras queden cuando la madre se va. La lengua materna es un lenguaje corporal que se llega a dominar cuando se puede nombrar.

Así como con la leche se filtra el afecto, con las palabras se filtra otro alimento: el alimento simbólico que da un lugar en el mundo.

EL PECHO Y LO INVISIBLE

¿Por qué se hacen tantas conjeturas y tan rápidas con relación a la leche materna: que si no se tiene bastante leche, que si no es lo suficientemente buena, etc.?

Nunca se sabe qué cantidad de leche tiene el pecho, porque, al contrario que el biberón, no es transparente. El pecho se nota, se siente, se intuye, la madre sabe que está lleno, pero no se ve cómo se vacía, no se ve lo que queda.

El interior del pecho no es accesible a la vista y pertenece a ese terreno de la sexualidad femenina que remite a un interior tan invisible como cierto, tan inaprensible como necesario. Se trata de un interior que inquieta porque es inaccesible, es misterioso y por tanto despierta la fantasía. Las madres se preguntan: ¿Cómo será la leche que le doy a mi bebé? Se trata, pues, de un interior en el que la mujer coloca sus fantasías y, según como haya organizado su despensa imaginaria, dudará más o menos de si es portadora de buenos o malos alimentos. Si ha elaborado la relación con su madre y no tiene demasiados afectos agresivos reprimidos, sentirá que dentro de su despensa posee buenos alimentos. Si permanece fijada en una posición infantil, creerá que su leche es mala, porque no tiene derecho a ponerse en situación de madre o porque siente que rivaliza con la suya, lo que le producirá culpa.

La intimidad

El lazo íntimo que se produce entre la cara del bebé y el pecho de la madre puede tener dificultades. Ese roce de piel contra piel, ese olerse, ese tocarse, promueven una intimidad que puede llegar a angustiar a la madre.

El amamantamiento supone una intimidad que a veces asusta. Obliga a la madre a ponerse en contacto no sólo con la dependencia del bebé, sino también con la propia. Cuando una madre da el pecho, es ella quien tiene que estar allí en cada toma, algo que no ocurre con el biberón. Esto supone una dependencia total del bebé en relación con la madre y una disponibilidad total por parte de ésta que a veces agobia y sobrecoge. Es una intimidad que evoca lo invisible, lo que menos dominamos.

Dar el pecho evoca siempre el interior del cuerpo materno. Si la madre guarda buenas relaciones con él, confiará en que su alimentación es buena. Ahora bien, si la madre se siente culpable por haberse atrevido a tener un hijo, que es una forma de equipararse a su madre, y no se cree con derecho a hacerlo, entonces creerá que su interior no es bueno y pensará que su leche no es lo bastante saludable para su bebé.

A las dificultades internas de la madre, también se añaden las que la sociedad impone a la función materna. No se da el suficiente tiempo para amamantar, lo que constituye un ataque a la íntima y necesaria relación entre la madre y el hijo durante los primeros meses de la vida de éste.

LOS REPRESORES

Cuando una madre se dispone a amamantar a su hijo, puede verse rodeada de algunos obstáculos que conviene conocer. Los espectadores pueden querer participar del espectáculo o también pueden atacarlo. La dificultad de permanecer al margen de un suceso tan íntimo hace que enfermeras, médicos, abuelas, tías o vecinas se crean con autoridad para meterse entre la madre y el bebé y empiecen a hacer recomendaciones que atacan el vínculo madre-hijo. Una de las actitudes más extendidas es la de atribuir cualquier llanto del bebé a que la madre no tiene leche suficiente, o suficientemente nutritiva, por lo que es mejor darle el biberón. Otra, es de alabar las ventajas del biberón frente a las del pecho, sentenciando que así será más libre. Parece de este modo que la madre gana en libertad y el bebé gana en alimentación. Sin embargo, estas personas no dicen lo que pierden: el bebé pierde el contacto íntimo con la madre para cuya separación no está todavía preparado, y la madre pierde la seguridad, también íntima, de haber entendido a su bebé.

Una madre que acaba de parir se siente frágil e insegura. Por lo general, en lugar de dejarla deshacer el nudo afectivo que tiene con su bebé, se la impulsa, se la empuja y no se le da tiempo para que pueda llegar a dominar su función por sí misma.

No se les da tiempo, ni a la madre ni al niño, a conocerse. En la alimentación se efectúa el conocimiento de uno sobre el otro y los dos necesitan tiempo para ello. La confianza de uno en el otro se produce cuando la madre confía en sí misma.

El destete

Amor, inquietud, preocupación, intranquilidad, tales son algunos de los sentimientos que pueden rodear el destete. Es una despedida.

Es un segundo desprendimiento, una separación que produce efectos importantes en el psiquismo. La mayoría de las veces se realiza sin problemas y esto significa que la lactancia ha sido satisfactoria, tanto para el bebé como para la madre.

El bebé se desprende del pecho materno porque lo tuvo, pierde algo para adquirir más autonomía, pero si la experiencia fue buena le importará menos perderlo. La base de un buen destete es una buena alimentación. Durante los meses que toma el pecho, un bebé ha tenido mil experiencias placenteras y, según afirma Winnicott, ello le servirá después para tener gratos recuerdos y abundancia de ensoñaciones placenteras. Esas experiencias pasarán a formar parte de su mundo interno.

La adaptación sensible de la madre a las necesidades del bebé hace surgir en él la idea del mundo como un lugar agradable. El mundo, que para el niño es la madre, sale al encuentro del niño y así él puede salir al encuentro del mundo.

Françoise Dolto señala que el mejor destete es aquel que hace el bebé solo y libremente porque ha tenido una buena alimentación. En tal caso, recibirá bien el destete porque éste implica una importante ampliación al campo de su experiencia. Aparecen el biberón, la cuchara, algún juguete, las palabras de su madre. Su mundo pierde lo que quedaba de unión cuerpo a cuerpo con su madre, pero se amplía. Y así será en adelante: toda adquisición nueva conllevará algún tipo de pérdida. Se pierde dependencia para ganar autonomía.

Hay que preparar el proceso del destete y evitar los errores que lo complican. El cuerpo tiene memoria, y si este proceso se realiza bien, no quedará asociado a la sensación de angustia con la alimentación futura. Si la madre está tensa, ansiosa o preocupada por mil problemas que tenga que resolver, el niño beberá angustia con la leche. En esta situación aparecen síntomas que se manifiestan en llantos ininterrumpidos, trastornos del sueño y rechazo del biberón; en algún caso, el pequeño se vuelve pasivo y pierde el interés por todo. El estado emocional de la madre tiene una influencia determinante sobre el estado emocional del niño.

Lo que conviene evitar

- El destete debe ser gradual, nunca de golpe, porque el bebé se encontraría ante dificultades para integrar la experiencia vivida hasta ese momento de forma placentera. Es como si le quitaran una parte de sí mismo sin su consentimiento.
- Este cambio en la vida del niño no debe coincidir con otros como la entrada en la guardería o un cambio de casa.
- En esos momentos tampoco conviene dejar al bebé al cuidado de otra persona; si se necesita a otra persona, es mejor que esté antes. El destete le permitirá crecer pero es importante que se produzca en un marco estable, sin muchas variaciones.
- El destete no debe imponerse contra la voluntad del niño. La base de muchas neurosis y de dificultades posteriores con la alimentación se encuentra en estas formas de actuar durante las primeras experiencias infantiles.

Ana no «me» come

Ana corretea por el salón y Nuria, su madre, la persigue con la cuchara en la mano cansada de ir tras ella y al borde de un ataque de nervios. Pone la televisión y los dibujos animados detienen a la niña frente a la pantalla, pero sigue sin abrir la boca. En un descuido sus labios se separan y su madre aprovecha para introducirle la cuchara llena de puré.

Poco dura la alegría porque Ana no traga y, cuando se da cuenta de la operación de su madre, provoca una arcada que da con el puré sobre la mesa del salón.

Nuria, muy preocupada por la alimentación de su hija, siempre está pendiente de lo que come en el colegio, donde parece que pone menos dificultades para tragar que en casa, sobre todo si es ella la que le da la comida. Ana tiene dificultades desde el principio. Cuando nació, nada más ponerla en la cuna, su abuela dijo: «Esta niña te va a dar mucha guerra, se mueve mucho, es muy inquieta, se parece mucho a ti».

Nuria, que era una madre primeriza y tenía mucha ilusión con la llegada de la niña, prestó demasiada atención a frases como las de la abuela, pronunciadas generalmente por mujeres que para ella eran un modelo de madre (Nuria se sentía insegura y tenía miedo de hacerlo mal). La pequeña Ana manifestó, en el momento de mamar, conflictos normales, pero que Nuria atribuyó a que tenía poca leche, por lo que a los dos meses le retiró el pecho. Además, sólo tenía tres meses de baja en la empresa y estaba agobiada con su vuelta al trabajo. Aunque había preparado con mimo la llegada de su hija, las dificultades con la alimentación de Ana enturbiaron el placer de los primeros años.

Ahora, con cuatro años, su madre todavía va detrás de ella para que coma.

Nuria estaba muy deprimida y acudió a una psicoterapia para salir del estado en que se encontraba. Casi siempre hablaba de sus dificultades con la alimentación de su hija, para después decir que ahora entendía muy bien lo que su madre había pasado con ella, que también había sido «muy mala comedora».

—La verdad es que mi hija me desespera, «no me quiere», perdón, quise decir «no me come».

Tras esta equivocación hubo un silencio y Nuria, que ya tenía experiencia en el tratamiento, añadió:

—Bueno, quizá pienso que no me come porque no me quiere, porque es de mí de quien peor acepta la comida. Ahora empiezo a entender lo que sufrió mi madre conmigo. La verdad, no sé qué hacer con ella.

—¿Ha probado a no hacer nada? —dice la psicoterapeuta—. ¿Por qué no comen todos juntos y la deja a ella coger su cuchara, en lugar de «meterle» la comida en la boca?

Es evidente que la psicoterapeuta ha subrayado la palabra «meterle».

Nuria se queda un poco perpleja porque cree que su hija no puede comer sola, pero decide hacer caso a la psicoterapeuta porque confía en ella. A los pocos días vuelve para intentar comprender cómo es posible que algo tan sencillo como dejar de estar pendiente de su hija cuando come haya tenido tan buenos resultados.

La ansiedad que sufría cuando intentaba darle de comer a su hija, era un ingrediente insoportable para la niña y por ello rechazaba la comida. Además, era una forma de mantener a su madre cerca. El placer que sintió Nuria al relajarse y dejarla comer sola fue la mejor vitamina para el alimento de la pequeña.

Cuando Nuria comenzó a comer al lado de su hija y ésta vio que su madre disfrutaba comiendo, la niña comprendió que no era necesario rechazar la comida para retener a su madre junto a ella. Además, empezó a disfrutar de su autonomía. El problema era que Nuria no podía autorizarse a sí misma como madre; estaba demasiado apegada a la suya, por lo que tampoco confiaba en que su hija pudiera ser autónoma.

MI HIJA NO SOY YO

Cuando Nuria dice «Ana no "me" come», está confundiendo el acto de comer de su hija con algo que le pertenece a ella. Si la niña come, ella consigue algo para su satisfacción. Del mismo modo, el que Ana no coma se convierte en un fracaso personal. En alguna medida, Nuria está pegada a la niña, no puede diferenciarse de ella. De ahí que la niña no coma para sí, sino para satisfacer a su madre, como si sólo viviera para ella. Esto asfixia a Ana. Ésta es una de las razones por las que Ana come mejor en el colegio, porque allí no se siente obligada a quedar bien con la madre. La información de que en el colegio come bien tranquiliza por un lado a Nuria, pero por otro la disgusta, pues cree que es la demostración de que es una mala madre: la niña come mejor con otros.

La indicación de la psicoterapeuta funciona porque ella sabe que conviene descentrar a la hija de la madre en el acto de la comida. De ese modo, la niña tiene la posibilidad de comer para sí, y no para su madre. Come sola y se siente independiente, come para sí y se siente acompañada, ya no come para su madre. Ésta, por su parte, ha dejado de estar angustiada, pendiente de su hija. Lo pasa bien mientras comen todos juntos, lo que rebaja el grado de exigencia que tenía tanto para sí como para la niña. Su inseguridad y su narcisismo hacían que alimentara a la niña como si estuviera haciendo un examen; no era un acto en el que su hija podía rechazar lo que no quisiera.

El placer

El placer que la madre obtiene en la complicada tarea de cuidar y alimentar a un niño es de vital importancia para él.

En primer lugar, los niños son particularmente sensibles al estado emocional de las madres. Aprenden imitando lo que ven; si un niño que ya puede comer solo ve que sus mayores disfrutan con la comida mientras conversan, quedará asociada a algo placentero y no a un trámite biológico que deja insatisfecha la necesidad emocional.

Nuria mostró a su hija que ella también tenía deseos, que disfrutaba estando con ella y que esos momentos eran de relajación, de satisfacción y de compañía.

Por esta razón, es deseable que la primera alimentación esté rodeada de tranquilidad y buenos alimentos emocionales.

Lo que le ocurría a Nuria es que no podía disfrutar de su función materna al alimentar a su hija porque repetía, sin saberlo, lo que le había ocurrido siendo niña. Su madre, que había pasado en su infancia una época de pobreza, había hecho de la comida el valor primordial de la vida. No permitía dejar nada en el plato. Toda ansiedad se calmaba cuando en casa había suficiente comida y siempre hablaba del valor nutritivo de los alimentos. Nuria enseguida descubrió que para que su madre permaneciera con ella tenía que negarse a comer, pero nunca logró averiguar si para su madre eran más importantes los alimentos o ella.

El deseo más importante para el bebé no es el de recibir una alimentación adecuada, sino recibirla de alguien que goza alimentándolo.

Winnicott dice que si la madre goza cuando le da de comer, el niño siente que su vida se llena de sol. El placer de una madre debe estar presente cuando alimenta al niño. De no ser así, toda su actividad resulta inútil, muerta, mecánica.

Ahora bien, para que el placer se produzca la madre no puede estar presionada por tensiones que le creen un grado de ansiedad elevado. Estas presiones pueden ser internas y externas. Las primeras están asociadas a fantasías, la más común es que no se tiene leche, o que la leche es mala; las externas son, entre otras, el poco tiempo y las dificultades que las madres que trabajan fuera del hogar encuentran en las empresas o las instituciones.

LOLA: «DIEGO, HASTA QUE NO TERMINES, NO TE LEVANTAS DE LA MESA»

Esta frase suele anunciar que alrededor de la comida la madre y el niño han organizado una batalla y ella, desesperada, ha dado un ultimátum que por lo general no funciona.

¿Por qué un niño se niega a comer? ¿Por qué una madre entabla con él una lucha de «a ver quién puede más»?

Lola acaba de pronunciar esta frase a su hijo, después de haber pensado que no está dispuesta a que le tome el pelo e imponga lo que quiere comer y lo que no, ¡hasta ahí vamos a llegar! Si consigue lo que quiere a los 12 meses, qué será cuando tenga cuatro años. Pero ¡qué se ha creído este niño!

Una madre tan preocupada como Lola puede confundir algunas cosas. A la necesidad de ser una buena madre y que esto quede demostrado porque su hijo come bien, se añade la dificultad de reconocer que su hijo crece y necesita más autonomía. Diego ha comenzado a andar solo hace muy poco y esta conquista es mucho más importante que comer; está creciendo. Lo único que le produce placer en este momento es andar y no estar sentado, sujeto a su silla.

Una de las causas por las que los niños pueden dejar de comer temporalmente es que han descubierto una actividad nueva que les permite más independencia: por ejemplo cuando descubren que pueden andar solos. Esto les hace poner en ello toda su atención y pierden el interés por la comida.

La preocupación por lo que come o no come el niño puede hacerse demasiado intensa y entonces es fácil que aparezca la batalla entre la madre y el niño. Él enseguida percibe que este asunto reclama la atención de la madre y para mantener su autonomía intenta imponerse a ella. No conviene presionar. El niño comerá cuando tenga hambre.

La falta de apetito y las crisis emocionales

La función de la nutrición está muy relacionada con nuestra manera de sentirnos. Así, nuestro apetito puede verse alterado con facilidad cuando la vida cambia y hay que asumir nuevos retos. El niño pequeño asume durante los primeros años de vida grandes e importantes acontecimientos que lo hacen crecer y madurar, que son positivos para él, pero que en ocasiones alteran su apetito. En estas circunstancias, lo mejor es averiguar qué puede estar pasándole y evitar forzarlo a que coma. Necesita un poco de tiempo para dominar la nueva situación. Cuando se vuelva a sentir seguro, desaparecerán las dificultades para alimentarse.

Algunas de las situaciones que pueden inhibir las ganas de comer son:

- El nacimiento del primer hermanito. Esto es todo un acontecimiento y puede preocuparle hasta estar seguro de que el amor de sus padres sigue inalterable y que dejar de ser el único también tiene alguna ventaja. Elaborar psicológicamente que ha sido destronado de su lugar de «único» lleva tiempo.
- Pérdida de la primera niñera, o separación de la madre durante demasiado tiempo. Los bebés necesitan una continuidad con la persona principal que les alimenta. Cuando ésta desaparece, pueden tener una pequeña crisis de tristeza que la expresan negándose a comer, como si quisieran recuperar lo perdido a la vez de protestar por lo que para ellos es un abandono.

  – Introducción de los alimentos sólidos: el pasaje de la
    leche a lo sólido tiene que hacerse despacio para que
    no les resulte difícil.
  – Abandono del primer hogar por mudanza: los niños
    pequeños son muy sensibles al ambiente que los ro-
    dea y antes de los cinco o seis años los cambios de
    domicilio pueden producir cierta crisis de inseguri-
    dad hasta que conoce y domina el nuevo ambiente.

Todas estas situaciones le producen una crisis porque
pierde la seguridad que tenía sobre lo conocido, pero también le hace ganar en experiencias y en autonomía y le
amplía su mundo. Lo más conveniente es esperar a que la
crisis pase.

EL APRENDIZAJE Y LA ALIMENTACIÓN

Según Françoise Dolto, hay relación entre algunas dificultades que tienen los niños para incorporar conocimientos
nuevos en el aprendizaje escolar y algunos trastornos en la
alimentación.

Ciertos niños anoréxicos que ella trató tenían la parti-
cularidad de ser muy buenos alumnos siempre y cuando no
se les controlara el trabajo que hacían. Por ejemplo, si se les
tomaba la lección inmediatamente después de haberla estu-
diado, no recordaban nada, como si lo aprendido hubiera
sido inmediatamente rechazado o «vomitado».

DATOS PARA EL RECUERDO

- Los niños son muy sensibles al estado emocional de sus madres.
- El placer que la madre obtiene en la complicada tarea que representa el cuidado y la alimentación de un niño es de vital importancia para él.
- La primera alimentación debe estar rodeada de tranquilidad y buenos alimentos emocionales.
- El deseo más importante para el bebé no es recibir la alimentación adecuada, sino recibir el alimento de alguien que goza alimentándolo.
- Para que la madre alimente con placer a su bebé no puede estar presionada por tensiones que le creen un estado de ansiedad elevado. Conviene que antes del nacimiento busque toda la ayuda que precise para estar tranquila durante los primeros meses.
- Las primeras palabras que recibe un recién nacido son de suma importancia y tienen un gran efecto en la relación madre-hijo.
- El niño bebe angustia con la leche si la madre, en lugar de estar pendiente de las necesidades de su hijo, está ansiosa, impaciente y preocupada por mil cosas.
- El destete es una despedida. Es el segundo desprendimiento que se realiza entre la madre y el niño. Produce efectos sobre el psiquismo.
- La adaptación sensible de la madre a las necesidades del bebé hace surgir en él la idea del mundo como un lugar agradable. El mundo, para el niño, es la madre.

— Hay situaciones, como el nacimiento de un hermano o un cambio de domicilio, que cuando son muy
pequeños pueden afectar a la función nutritiva.
Son pasajeras y se producen porque el bebé está
más interesado en solucionar su situación y hacerse mayor.

3

La adolescencia

La adolescencia supone un terremoto emocional para los hijos, pero también para los padres. Nuestro hijo comienza a cambiar, ya no le entendemos. Un adolescente en casa altera los horarios, intenta imponer sus opiniones, discute, se opone, no quiere comer, come demasiado... Rebeldes, insolentes y protestones, los adolescentes se enfrentan a sus padres y con frecuencia a la sociedad. ¿Por qué? ¿Qué es la adolescencia? ¿Cómo la viven los hijos? ¿Cómo la viven los padres? ¿Por qué aparecen en este período de la vida tantos problemas con la alimentación? ¿Se puede hacer algo para prevenir conflictos? ¿Cómo ayudarlos?

LA MUERTE DEL NIÑO Y EL NACIMIENTO DEL ADULTO

Si algo caracteriza al adolescente es la alternancia continua entre pedir independencia y mostrar la dependencia que aún tiene de sus padres. Y es que ha de despedirse del niño que fue para acoger al adulto que será. Muere su cuerpo infantil, que desaparece poco a poco empujado por el inevitable desarrollo biológico.

El adolescente sufre transformaciones corporales y psicológicas que lo conducen a nacer como joven, con un cuerpo distinto y con recursos internos que lo llevarán a sus primeras relaciones sexuales y a un proyecto vital que apunta hacia el futuro. Ya no es un niño, pero aún no es un adulto: es un adolescente, un sujeto que tiene que soportar incertidumbres sobre su futuro y al que pedimos que tome decisiones cuando todavía no tiene claro qué quiere hacer en la vida.

Sufren porque son muy susceptibles y tienen crisis de celos y malhumor. Necesitan simultáneamente control e independencia. Con frecuencia sienten hacia sus padres un rechazo que es la expresión de cuánto los necesitan. Todas estas contradicciones están relacionadas con la búsqueda del adulto que les gustaría ser.

Durante este período, el individuo se mueve entre el impulso de desprenderse de sus padres y el miedo que le produce lo desconocido; entre el deseo de ser adulto y el temor al desamparo. ¿Podrá realizar sus sueños? ¿Podrá quedar bien ante sí mismo y ante sus padres? ¿Qué esperan de él? ¿Qué quiere y qué puede ofrecer? ¿Cómo hay que comportarse con una chica? ¿Cómo con un chico? ¿Qué es ser un hombre? ¿Qué es ser una mujer? ¿Qué sentido tiene mi vida? Es un período lleno de ambivalencias, doloroso, caracterizado por fricciones con el medio familiar, aunque también es un período creativo y de intensa búsqueda personal que marcará su vida para siempre.

Cuando alcance la madurez, el individuo llegará a conseguir la independencia y aceptará las dependencias afectivas dentro de un marco que ya no le haga sentirse tan frágil como se sentía de niño.

Los conflictos que los adolescentes tienen con sus padres forman parte del proceso de diferenciación necesario para la estructura del adulto en formación. Es un intento de construir una identidad adulta sostenida por deseos propios. La joven que no puede asumir su posición adulta hace una regresión y lo focaliza todo en la alimentación en un intento de calmar su ansiedad, como si volviera a estar en la época de la lactancia.

La subjetividad se termina de organizar y se define en la adolescencia, por eso en esta época aparecen con más frecuencia conflictos de identidad sexual, que pueden expresarse con síntomas tales como la anorexia o la bulimia.

Algunos síntomas en torno a la alimentación son un intento de controlar lo que les está ocurriendo. El adolescente se debate, pues, entre el impulso a desprenderse de los padres y la defensa que se organiza ante el miedo que siente por la pérdida de lo conocido.

LOS SÍNTOMAS

Los síntomas que se manifiestan en la adolescencia alrededor de la alimentación están relacionados con:

- El intento de controlar el cuerpo.
- La expresión de fantasías inconscientes que apuntan a deseos propios y deseos de los padres.

– Dificultades para acceder a una sexualidad adulta.
– Conflictos en la búsqueda de una identidad.

Estas dificultades pueden manifestarse bajo la apariencia de una excesiva preocupación por las dietas y están ligadas a una baja autoestima y a conflictos en la expresión de sus sentimientos y emociones. Como defensa a toda esta marea de sentimientos, se centran en la apariencia corporal, lo que hay que interpretar como un intento desesperado de dominar algo de lo que les está ocurriendo.

Como no pueden controlar su vida, controlan su alimentación, lo que es una forma de volver a la dependencia primigenia de los padres, esta vez siendo ellos quienes administran su comida.

RAÚL: «MI CUERPO ME PERTENECE»

—No me pongas más, mamá, no quiero más.

Raúl ha llegado del colegio y no quiere la merienda.

Tiene 13 años y le ha dado por ir a un gimnasio con un amigo del colegio. Por la noche se pone a hacer abdominales antes de acostarse y si un día no las hace por cansancio, se queda preocupado y dice que al día siguiente hará el doble.

Lo que a la madre de Raúl le extraña es que su hijo se niegue a comer todo lo que tiene en el plato, como era habitual hasta hace poco tiempo. Siempre ha tenido muy buen apetito y ha comido muy bien, de ahí que le parezca extraña su actitud. También en esto ha cambiado.

Raúl siempre ha sido un niño bastante bueno y obediente; tiene un desarrollo corporal algo precoz, por lo que lleva tiempo sintiendo cómo su cuerpo crece y comienza a llenarse de pelos. Su voz se ha convertido en vozarrón después de pasar por una serie de tonos agudos que lo hacían asustarse de sí mismo. No se reconocía cuando llamaba a su madre y, en lugar de oír su voz infantil, escuchaba otra voz grave, fuerte, de persona mayor. Raúl se hacía mayor, pero los síntomas de ese crecimiento lo hacían sentirse asustado y pequeño.

¿Por qué se ha vuelto tan pesado con la comida? ¿Por qué siempre deja algo en el plato? ¿Por qué la madre se preocupa tanto ante este cambio? ¿Cómo puede ayudarlo?

Raúl está intentando controlar lo que entra en su cuerpo y lo que se queda fuera, está controlando la comida que desea ingerir para señalar que es diferente a la que sus padres eligen para él. Intenta diferenciar su deseo de comer del que tiene su madre sobre él, pues intuye que detrás de ese afán por controlar lo que come o deja de comer hay también un intento de dominar su cuerpo como si continuara siendo un niño.

A la madre de Raúl le sorprende mucho que su hijo le diga que no quiere la comida que ella le da. Raúl está desprendiéndose de los cuidados de su madre. Ha interiorizado ese papel y ahora es él quien decide cómo cuidarse y qué debe tomar. Es un intento de evitar que su madre siga controlando su cuerpo. La actitud que adopte la madre es esencial porque si no tolera bien estos ensayos de Raúl le hará sentirse culpable y dificultará la separación.

Tanto las manifestaciones incontrolables de su cuerpo

como las presiones del mundo externo son vividas al principio como una invasión. Una forma de dominar su cuerpo es controlar qué se mete o no dentro de él.

La mejor manera de ayudarlo consiste en no criticarlo ni preocuparse constantemente por lo que come o deja de comer. De ese modo, se sentirá respetado, lo que aumentará su autoestima y dejará de ver a su madre como alguien que intenta dominarlo o que teme que crezca. Poco a poco, la obsesión del joven por la comida irá desapareciendo.

FANTASÍAS INCONSCIENTES

Algunas fantasías inconscientes pueden provocar dificultades con la comida.

Se puede engordar para no estar atractiva y evitar así la posibilidad de ser deseada por alguien. Si se tiene miedo a la condición femenina, se hará lo posible para no ser deseada por un hombre.

- Tras el miedo a engordar puede ocultarse un deseo inconsciente de embarazo. Se trataría de un deseo temido. Lo veremos más adelante en lo que le ocurre a Patricia.
- La fantasía puede relacionarse con la angustia que le produce perder su lugar de hija. Imagina entonces que los padres están unidos gracias a ella y que con su independencia los separa. Como le sucede a Elsa en el caso que comentamos a continuación.

ELSA: LA CHICA PERFECTA

La tutora de Elsa había llamado a su madre para avisarle de que su hija se había desmayado en el colegio. Elsa estaba en época de exámenes, comía poco, dormía poco, pero estudiaba mucho. Se levantaba a las seis de la mañana y se acostaba tarde. Era una niña buena, perfecta, no daba nunca ningún disgusto a sus padres. Responsable, trabajadora, y muy estudiosa, su habitación solía estar impecable, ordenada y limpia, como era ella. Elsa era el ojito derecho de papá.

Aquel desmayo les preocupó, pero lo achacaron al estrés por los exámenes. Cuando se produjo el segundo desmayo, el colegio les propuso consultar a un psicólogo. La exigencia que tenía sobre las notas era demasiado alta y le comenzaba a pasar factura. Elsa tenía que jugar a ser la niña modelo de sus padres, ya que con su comportamiento sostenía su unión y además esto le hacía sentirse superior a sus hermanos.

Los padres no se llevaban bien y había entre ellos mucha rabia soterrada. Elsa aprendió a sacrificar su independencia para salvar la unión de sus padres.

Contaba 15 años y todavía no había tenido su primera menstruación. Alta y delgada, su padre siempre presumía de lo inteligente que era su hija. Nunca se había interesado por lo que sentía, por sus ilusiones. Desde pequeña había tenido claro que quería ser médico, encarnando en ella el deseo de su padre porque éste se había encargado de decirle qué tenía que gustarle.

Alienada en el deseo de su padre y colocada en el lugar de sostener la unión de éste con su madre, Elsa apenas come. Está embargada por la exigencia interna, pero también porque renuncia a ser ella misma en un deseo de colocarse allí donde cree que ellos la necesitan. Agotada de tanto esfuerzo dirigido a otros, cae en una posición que es un intento de que alguien la recoja, la escuche y la cuide, ya que ella no ha aprendido a cuidar de sí misma. El síntoma de no comer también representa algo importante para ella: es el único lugar en el que no está para los otros; es un lugar donde dice «no».

ALICIA: EL CHICO DEL PADRE

—Yo es que no puedo con esta niña —dice Julia a su marido—, no quiere comer nada. Dile tú algo, por favor, que a mí no me hace caso.

Juan se acerca a su hija y le dice que deponga su actitud, que debe comer y dejarse de tonterías; si no, se va a quedar como un palo. Pero no hay convicción en sus palabras.

Alicia no entiende que sus padres armen tanto escándalo porque ella esté a dieta. Hace un año Alicia rompió con su novio. Desde entonces comenzó a preocuparse mucho por lo que comía y se puso a régimen. Ha adelgazado ocho kilos y empieza a estar muy delgada. Alicia es la menor de dos hermanas; es muy estudiosa, y hace mucho deporte. La relación que rompió hace un año era la primera y duró poco, pero le obsesionó mucho. Estaba convencida de que el chico la había dejado por otra más delgada. Alicia argumenta que se siente poco femenina cuando la realidad es que tiene miedo a serlo. La relación con el chico la obligó a preguntarse qué era lo que a su novio le gustaba de ella. Las relaciones sexuales apenas llegaron a nada, porque ella no quería «eso».

El padre de Alicia es un hombre exigente que deseaba que Alicia, su segunda hija, hubiera sido un niño. La propia Alicia cree, en alguna medida, que debería haber sido el chico que esperaba su padre. Alicia no quiere entregar la sexualidad a un chico; quiere permanecer intacta para acercarse a ser el chico que su padre no tuvo. Un palo no tiene curvas, es más bien un bastón en el que apoyarse, y eso es lo que le falta al padre.

Con su actitud, se queda adherida a su padre sin asumir una posición femenina, pero a costa de anular su sexualidad como mujer. La adherencia al padre es lo que irrita a la madre. También de forma inconsciente percibe que lo que el padre le dice a su hija es importante para que Alicia crezca y que ella relaciona con que coma.

EL ACCESO A LA SEXUALIDAD

A lo largo de la adolescencia aparecen con mucha frecuencia conflictos en relación con la comida. Los primeros síntomas comienzan tempranamente, en la pubertad, época en la que se inicia la construcción de la identidad sexual. Tales dificultades aparecen sobre todo en las chicas, que tienen que entrar a formar parte como mujeres en una sociedad que las exige ser objetos del deseo del hombre. De este modo, el reto de ser mujer se convierte en algo deseado y temido al mismo tiempo.

Con el desarrollo de los caracteres sexuales secundarios, la aparición de la regla y los cambios hormonales y de apariencia física que todo ello comporta, la niña se pregunta qué es ser mujer. Siente en su cuerpo una irrupción de algo que tiene que subjetivar para hacer suyo todo ese proceso interno. Tal conmoción precisa ser nombrada y sostenida por palabras que hagan comprender lo que está pasando. Quizá sea esta necesidad de poner palabras a lo que ocurre en su interior lo que motiva la aparición en este período de la vida de los diarios íntimos.

PATRICIA: SU AMIGO SECRETO

«Querido diario: Hoy he comido más de la cuenta. Me siento gorda, tengo tripa, demasiada tripa. Ayer estuve con Pedro, que me acompañó a casa por la noche. Cuando nos despedimos me besó, no sé si duró unos segundos o varios minutos, porque me gustó demasiado», apunta Patricia en su diario. Antes de meterse en la cama coge ese cuaderno, abre el candado con una minúscula llave escondida en su mesilla y escribe lo que le ha ocurrido durante el día. El diario es su amigo secreto, se lo cuenta todo. Puede ser sincera con él. Le relata sus miedos, sus deseos, le habla de sus fantasías. Patricia tiene 16 años y algunos conflictos. Se siente gorda, aunque no lo es.

Patricia se encuentra mejor después de poner en palabras lo que le ocurre. El diario es una suerte de interlocutor que no la censura, sólo la escucha.

En las palabras que ha apuntado en su diario se desliza una fantasía inconsciente bastante habitual: la de quedar-se embarazada por un beso. El modelo femenino de incor-poración del pene puede ser desplazado a la incorporación de alimentos por la boca. Tener tripa está asociado a la po-sibilidad de estar embarazada.

Ser mujer puede confundirse con ser madre del mismo modo que la sexualidad se reduce con frecuencia a la ma-ternidad. Por eso no es rara la asociación entre acercamien-to sexual y embarazo. En estas situaciones se une el temor a dejar de ser niña con el deseo de constatar que su cuerpo es capaz de realizar lo mismo que hizo el de su madre.

Todas las fantasías dichas o sugeridas en el diario de Patricia le servirán para ir entendiéndose y controlando los temores, a la vez que organizará mentalmente todo un pro-ceso creativo que le servirá para construir una identidad adulta.

LA LUCHA POR LA IDENTIDAD

En su búsqueda de una identidad distinta de la de sus pro-genitores, incluso de la que éstos quieren para él, de una identidad propia y construida por él mismo, es inevitable y casi conveniente que el adolescente se enfrente a sus padres.

Los conflictos con los padres son un síntoma del pro-ceso de diferenciación que los hijos tienen que poner en marcha. Deben desprenderse de las identificaciones que se produjeron en la primera infancia y en la pubertad, que se refieren a los modelos que se les imponen de forma in-consciente. Todas las generaciones muestran sus rasgos característicos e intentan romper con lo inmediatamente anterior, sobre todo en la estética: se visten y se peinan de otra manera para diferenciarse de sus padres.

Los conflictos entre las generaciones muestran este proceso de diferenciación. La identidad que el adolescente trata de construir no es una síntesis de las identificaciones parentales, sino una verdadera construcción personal que le hará convertirse en un hombre o en una mujer único e irrepetible.

La extrema indefensión con la que nacemos los seres humanos nos obliga a depender de forma absoluta de otro, por lo general la madre, si bien la función que el padre tenga desde el principio será importante para la relación madre-hijo. Al principio, esa indefensión crea una verdadera confusión en el niño, que ignora dónde termina él y dónde comienza su madre. Poco a poco, a base de separaciones que se irán espaciando, construirá un psiquismo propio.

El adolescente también tiene que ir aprendiendo a separarse de sus padres y para ello comienza a decir que no quiere lo que le dan, que no quiere comer, por ejemplo, en un intento de controlar lo que hasta ahora había sido controlado en gran parte por ellos.

La vulnerabilidad

El adolescente es muy vulnerable porque se encuentra en un proceso de cambio y asimila todo lo que los padres, los hermanos y la sociedad proyectan sobre él. Según Arminda Aberastury, psicoanalista experta en el proceso adolescente, se puede convertir en un «receptáculo propicio para hacerse cargo de los conflictos de los demás y puede asumir los aspectos más enfermos del medio en el que actúa».

Los adolescentes son vulnerables a los trastornos de la alimentación porque su autoestima está muy vinculada al peso y sometida a un bombardeo de imágenes que alimentan un ideal de perfección que no existe.

CARLOS: DROGA BLANDA CONTRA VIDA DURA

Estaba en un banco del patio del colegio, sosteniendo un porro entre el índice y el pulgar, cuando un profesor lo vio y se dirigió hacia él mientras los compañeros le hacían señas de que tirara o escondiera el canuto. Carlos, que estaba absorto, no se dio cuenta de nada hasta que tuvo al profesor delante. Lo expulsaron del colegio.

Carlos tenía 14 años y a los 12 había empezado a fumar hachís. Siempre fue un niño bueno y obediente. A esa edad todavía dormía a veces con su abuela. De pequeño, había tenido una asistenta que lo atemorizaba con la amenaza de que sus padres no volverían a casa si no se estaba quieto. Carlos aprendió a inmovilizarse por miedo a perder a sus padres, que viajaban mucho.

Había aprendido a reprimir sus sentimientos agresivos porque su padre, que lo trataba como si fuera un adulto, no le consentía ningún enfrentamiento y su madre se ponía triste si protestaba por algo. Carlos nunca se había podido oponer, nunca había dicho «no». Cuando a los 12 años unos amigos mayores le ofrecen hachís, tampoco puede decir que «no» por miedo a ser rechazado. A los adolescentes les resulta muy difícil no hacer lo que hace el grupo; tienden a la uniformidad para sentirse más unidos y más fuertes y contrarrestar así las angustias que sienten ante los cambios que sufren. En el caso de Carlos, el sometimiento a lo que otros le proponen está más favorecido porque es un chico que no ha aprendido a expresar lo que siente, un chico al que los padres no han podido escuchar. Pasó dos años fumando, cada vez más, porque el hachís conduce a una pasividad en la que no hay que enfrentarse a sentimientos incómodos y donde se aplaca la intranquilidad y la incertidumbre propias de la adolescencia. Comenzó a asustarse cuando le dio por fumar solo y al rato se dirigía a la nevera de su casa y se ponía a tomar Cola Cao con galletas, un sabor que le encantaba, que lo hacía sentirse seguro: era el sabor de su infancia, un tiempo en el que se sentía protegido y no exigido, como ahora, por el colegio, por sus padres, por cómo actuar con las chicas, por cómo ser con los amigos. Todo se había convertido en una especie de competición en la que él se veía perder. Su madre atribuía las cantidades industriales de galletas que consumía al hambre propia de la etapa de desarrollo por la que atravesaba.

Carlos provocó con su expulsión del colegio que alguien se diera cuenta de lo que le estaba pasando, que se tomaran medidas, que los adultos lo ayudaran. Cuando los padres no pueden ver lo que está pasando y, sobre todo, no pueden escuchar las inquietudes del hijo adolescente, el chico puede llegar a cometer inconscientemente algún acto llamativo, lo que constituye una forma de pedir socorro. No lo tienen fácil los jóvenes porque a las dificultades de los padres para escuchar lo que les ocurre se une con frecuencia la torpeza de los colegios, que muchas veces resuelven el problema quitándose de encima a los chicos conflictivos, en vez de ayudarlos.

La droga blanda viene a calmar la dureza de la vida, que no se halla para el adolescente en las cuestiones materiales, sino en las incertidumbres respecto a sí mismos, a su vida y a las dificultades para hacerse entender por unos padres cuya angustia no les deja escuchar el conflicto.

DESEOS ENCONTRADOS ENTRE PADRES E HIJOS

Los conflictos con la alimentación durante el período adolescente son un síntoma de las luchas consigo mismo (el adolescente lucha por crecer y desprenderse de su imagen infantil), y de las luchas con el medio (no sólo lucha consigo mismo sino con sus padres y con el entorno).

A los padres les afectan las transformaciones que sufre su hijo. Sus deseos inconscientes de conservar al niño pueden hacer más difícil el desprendimiento.

El crecimiento impone un cambio. El niño y sus padres deben aceptar la evidencia de que el cuerpo infantil se perderá para siempre, y, con él, el dominio que se ejercía. Por si fuera poco, el proceso del crecimiento de los hijos es paralelo a nuestro proceso de envejecimiento. Cuando ellos alcanzan la plenitud, nosotros comenzamos el declive. Un padre puede enviar mensajes a su hija para que no acceda a una sexualidad adulta; una madre puede infantilizar a un hijo para que no ejerza de hombre con una mujer.

El adolescente tiene que desprenderse de su cuerpo y de

su identidad infantil y acceder a una vida adulta que le da miedo. Por si fuera poco, cuando tiene algún fracaso en sus intentos de independizarse, los adultos le recuerdan que no es tan mayor como creía, como si los adolescentes no se dieran cuenta de sus fracasos.

Cuando la conducta de los padres implica una incomprensión de estas fluctuaciones entre dependencia e independencia, se hace más difícil el proceso. Los adolescentes se enfrentan más y entonces aparecen las coacciones; entre ellas, la económica («esta semana te quedas sin paga»), que subraya la dependencia de los hijos respecto de los padres. Entonces el abismo y el resentimiento aumentan.

¿POR QUÉ COME SIEMPRE LO MISMO?

Algunos adolescentes centran su alimentación en pocos alimentos. No quieren comer otra cosa, lo que inquieta a las madres, preocupadas por la alimentación de sus hijos. Esta actitud suele ser pasajera. Se resuelve cuando pasa este período de la vida.

Conviene tener en cuenta que determinados alimentos están asociados a alguien querido o a alguna situación en que se sintió bien, así que cuando aparecen momentos de tanta inseguridad se acude a ellos para tener un referente conocido y seguro. Una de las cosas que más echamos de menos cuando cambiamos de país es la alimentación a la que estamos acostumbrados por pertenecer al mundo que dominamos, a lo conocido.

El adolescente se enfrenta a un mundo nuevo, porque

su interior cambia muy rápidamente. Ante tanto cambio quiere mantener sus sabores de toda la vida porque esto alivia su inquietud.

LO QUE CONVIENE EVITAR

- No se debe centrar la atención en el exceso o la falta de peso. Centrarse sólo en el síntoma puede favorecer que se fije más y se desgasten las relaciones.
- Creer que el síntoma es el problema constituye un error. Las dificultades con la comida están tratando de mostrar que algo no anda bien, pero ese algo apunta a otro tipo de alimentación: la afectiva.
- Que los padres se culpen por lo que ocurre tampoco ayuda. La culpabilidad sólo sirve para aumentar la distancia con ellos.
- No se debe exigir la exclusividad de sus sentimientos criticando a sus amigos o a sus parejas.
- Tampoco debemos sobreprotegerlo por miedo a que sufra decepciones o fracasos.
- No debemos cargar a los hijos con la responsabilidad de que lleguen allí donde no llegaron los padres.

¿CÓMO PUEDEN LOS PADRES PREVENIR CONFLICTOS?

- Creando en torno a su hijo un clima de seguridad afectiva.
- Permaneciendo atentos a su personalidad, que se en-

cuentra en período de formación, ayudándolo a desarrollar lo mejor que lleva dentro.

- Transmitiendo tolerancia frente a las carencias del hijo. La comida es un sustituto que el adolescente utiliza para aliviar las tensiones internas que se producen en él cuando no puede soportar las frustraciones o no puede responder a la imagen ideal que tiene de sí mismo.
- Fomentando un pensamiento autónomo en los hijos y aceptando sus opiniones cuando son diferentes de las de los padres.
- Actuando de manera que se sienta querido tal como es.
- Aprendiendo a escuchar sus contradicciones sin agobiarse, ni exigirles que adopten decisiones que están más allá de sus posibilidades. Conviene escuchar las preguntas de los hijos y controlar el impulso de dar respuestas inmediatas. Comer para aliviar una tensión interna es intentar acallar inmediatamente inquietudes psicológicas que necesitan más tiempo para ser elaboradas.
- Revisando los sentimientos que aparecen cuando comienzan a dar síntomas de separación y desprendimientos. Si su separación nos angustia, ellos pueden utilizar la comida como un refugio o rechazarla para intentar librarse de nuestra influencia.
- No dando demasiada importancia a la apariencia externa. Reconociendo algunos sentimientos de rivalidad que pueden aparecer en las madres con relación a sus hijas y en los padres con sus hijos.

– Respetar el proceso por el que atraviesan, sin menospreciar sus cambios o contradicciones.

¿Cómo ayudan los adolescentes a sus padres?

Los padres, inmersos en la tarea de educar, creen que sólo ellos deben aportar ayuda a sus hijos. Esto no es verdad.

Los hijos también nos ayudan a sentirnos fuertes, a sentirnos jóvenes y queridos. Comen la comida que les preparamos y nos hacen sentirnos orgullosos en muchas ocasiones. Ahora bien, en otros momentos nos hacen sentir que envejecemos, sentimos que nos rechazan, que están hartos de nosotros. Ya no quieren nuestra comida, ya no nos quieren cerca de ellos.

Los hijos son, en la adolescencia, los jueces más severos. Debemos aceptar nuestras debilidades e inseguridades para no faltar a la verdad ante ellos ni ante nosotros mismos. Cuando los adolescentes plantean problemas, suelen necesitar ayuda, pero también la dan porque hacen enfrentarse a sus padres a algo que no funciona bien. Nadie enseña a ser padre. Todo lo que no hemos podido elaborar bien en la relación con nuestros progenitores aparece en la relación con nuestros hijos, que nos ayudan a reparar carencias antiguas. Los padres no deben sentirse culpables de los problemas de sus hijos, porque no lo son, pero sí deben sentirse responsables y buscar la ayuda necesaria, cuando el problema los desborda, para resolver la situación.

Datos para el recuerdo

- El adolescente despide al niño que fue para acoger al adulto que será. Es un proceso lleno de transformaciones.
- Los síntomas que sufre el adolescente con la alimentación están relacionados con dificultades para acceder a una sexualidad adulta, el dominio del cuerpo de adulto y la búsqueda de una identidad.
- Tras el miedo a engordar se pueden encontrar algunas fantasías inconscientes; entre ellas, se encuentra la del embarazo.
- La conmoción corporal y psicológica que se produce en la adolescencia precisa ser nombrada y sostenida con palabras que hagan comprender qué está pasando.
- El conflicto entre generaciones muestra la dificultad del proceso para diferenciarse los hijos de los padres.
- Los adolescentes son vulnerables a los trastornos de la alimentación porque su autoestima está muy vinculada al peso y sometida a un bombardeo de imágenes que alimentan un ideal de perfección que no existe.
- Algunos centran su alimentación en pocos sabores que siempre repiten; es una forma de calmar su inquietud.
- Los padres son una ayuda insustituible para ellos. Si se angustian ante el crecimiento de sus hijos, el proceso será más complicado para ambos.
- Los adolescentes también pueden ayudar a sus padres

si éstos se animan a enfrentar las dificultades. Todo lo que no ha podido elaborarse con los padres aparece después en la relación con los hijos. Éstos, con sus problemas, pueden conducirnos a resolver conflictos propios que aún no habíamos resuelto.

4

La madre

«El amor cambió la forma de sentirme, de estar en el mundo y de mirarlo, además de mi relación con la comida», pensaba Emma mientras conciliaba el sueño en los brazos de Carlos. Habían hecho el amor con desesperación, como si fuera la última vez, como si cada uno quisiera traspasar el cuerpo del otro para convertirse en él. El apetito sexual se le había abierto con Carlos, su tercera pareja. Con las anteriores, Emma era frígida y fingía. Ahora se daba cuenta de que también su relación con la comida había variado: disfrutaba comiendo, cuando antes lo hacía porque había que hacerlo, sin placer.

Cansada y feliz, se dejaba llevar por sus pensamientos y recordaba la cena familiar que habían tenido ese día en su casa. Había invitado a sus padres para estrenar el piso al que se había ido a vivir con Carlos. Se había esmerado en hacer una cena exquisita, con los platos que más gustaban a sus padres, pues quería mostrarles lo feliz que se sentía y, sobre todo, que había decidido compartir su vida con él. Su madre no había apreciado especialmente su trabajo, pero había hecho una observación que a Emma no se le iba de la cabeza. Algunas frases de su madre le retumbaban una y otra vez, como un eco, quizá porque tenían la facultad de provocarle cierta ambivalencia.

Esa noche, mirando a Carlos y después de fijarse mucho en la forma en que su hija comía, afirmó:

—Pensar que siempre he estado luchando con ella para que «me» comiera y ahora fíjate qué buen comer, parece que no tiene fondo.

Carlos, intentando hacer una gracia, contestó:

—Pues sí, a mí «me» come muy bien.

—Será el amor —añadió el hermano de Emma con una sonrisa.

Era cierto, estaba enamorada de Carlos. Se habían conocido en unas circunstancias cuando menos curiosas: gracias a un accidente de automóvil. Era un día lluvioso, Emma iba con prisas y no veía bien, así que no le dio tiempo a frenar y golpeó el automóvil de Carlos por detrás. Se había quedado petrificada en el asiento, mientras observaba cómo Carlos se bajaba de su coche y se acercaba a ella. Al ver su cara de agobio, preguntó:

—¿Se siente mal?

Aquellas palabras determinaron el comienzo de su amor. Le parecía mentira que un hombre, en vez de recriminar su torpeza o de decirle que se fijara más en lo que hacía, se interesara por su estado. Nadie lo había hecho desde hacía tiempo.

La pregunta de Carlos hablaba de él. Se trataba de un hombre que no huía de los sentimientos, que los tenía en cuenta y por ello también podía hacerse cargo y escuchar los de la otra persona. Sabía escuchar y sabía amar. Y eso era lo que Emma había estado esperando siempre. Su relación con él la ayudó a relacionarse mejor consigo misma. Se aceptaba mejor y por tanto su sexualidad con él también era gratificante. No había temor a la entrega, sólo placer porque se sentía querida además de deseada. No temía ser anulada ni invadida. Carlos respetaba su individualidad, sin críticas, sin reproches, sin presiones.

El hombre que la escuchaba la había conducido a una sexualidad satisfactoria.

Emma siempre había sido una niña inapetente, con grandes dificultades para alcanzar el peso recomendable. Para su madre, darle de comer era un suplicio; para ella, recibir lo que su madre le daba era un tormento. Los modos que utilizaba siempre estaban relacionados con la presión y la falta de respeto por lo que sentía su hija, porque dentro de los hábitos educativos en los que había sido formada no había espacio para el placer. Para la madre de Emma era más importante la cantidad que la manera en que su hija se relacionaba con la comida.

El cuidado con el que Carlos preparaba sus encuentros y le hacía disfrutar de la comida, investigando sus gustos y respetando sus preferencias, aliviaba la ansiedad que a Emma le producía el encuentro sexual. Carlos sabía esperarla y ella respondió entregándose sin miedo. Su alma estaba hambrienta de ternura, así que cuando encontró al hombre que supo dársela, abrió su boca y su corazón, y después le fue muy fácil sentirse bien con alguien que la alimentó con mimo. Emma había rechazado en otro tiempo la comida, porque en la relación que había establecido con su madre no había lugar para el deseo, sólo existía la obligación.

LA MADRE: EL PRIMER AMOR

La vida entra por la boca. El aire que invade los pulmones provoca el primer llanto del bebé y nos anuncia su existencia separado de la madre. Pronto su boca buscará el pezón o la tetina del biberón para calmar su hambre.

Según el acuerdo que la madre haya hecho con su feminidad, tendrá mayor o menor capacidad para sostener a su hijo y proporcionarle una estabilidad básica. El interés que haya mantenido hacia él le aportará a éste algo esencial para su buena relación con todo aquello que alimente su vida.

La compenetración con que una madre se adapta a las necesidades de su bebé es fundamental para que éste vaya aceptando lo que ella le ofrece.

La importancia emocional de la madre en el ordenamiento de las emociones de su hijo la coloca en una posición muy especial para transmitirle una relación con la comida que no sea conflictiva.

La madre es nuestro primer amor al que hay que renunciar para diferenciarnos de ella, pero es ella la que organiza el mundo emocional del niño y le transmite la posibilidad de que se relacione con los alimentos con mayor o menor conflicto.

Cuando el hijo come bien, parece que la madre es «suficientemente buena», expresión que aclaramos más adelante. En cambio, cuando aparecen dificultades con la alimentación, pronto surge en ella la angustia. ¿Qué hace posible que una madre alimente sin conflictos a sus hijos?

LA PREOCUPACIÓN MATERNAL PRIMARIA

¿En qué consiste ser una madre lo «suficientemente buena»?

Donald Winnicott, psiquiatra y psicoanalista inglés, acuñó esta expresión al describir lo que él llama «preocupación maternal primaria», que es la que siente una madre frente a su bebé y que garantiza la salud del niño.

La mujer adquiere un estado de sensibilidad extrema que comienza a desarrollar en el embarazo y que dura unas cuantas semanas después del nacimiento.

Este período no es fácilmente recordado por la madre después de que ha pasado, porque tiende a ser reprimido, pero es como si la mujer se replegara hacia el interior de sí misma para proteger al niño. Tal repliegue le permite adaptarse de forma extremadamente delicada a las necesidades de su bebé. Winnicott asegura que toda persona feliz tiene una deuda de gratitud con una mujer.

En sus primeros momentos de vida, el bebé, que aún no se diferencia del mundo materno, percibe que allí hay alguien, todavía no discriminado de sí mismo, que se lo soluciona todo. Lo que desde la criatura se percibe como una forma de omnipotencia, es percibido por la madre como una responsabilidad absoluta.

La madre se identifica con su bebé y lo tranquiliza cuando está tenso o nervioso. En los casos en que la madre puede adaptarse a un encuentro feliz con su bebé, siente lo que le pasa al niño, luego lo piensa y después lo dice.

La madre tiene una tarea difícil. La psicoanalista Mariela Michelena, utiliza el término «enchufarse emocionalmente» al bebé desde su propio aspecto infantil y dependiente para expresar esa tarea, cuya complejidad reside, sobre todo, en que el niño pide siempre mucho más que comida: pide amor y algo más que no se puede colmar del todo.

Si la madre interpreta todas sus demandas en un registro que sólo guarda relación con la comida, utilizará ésta como si fuera el único analgésico para todas las inquietudes de la vida y provocará una dependencia excesiva de la alimentación.

Entonces, la comida se convertirá en un ansiolítico ante cualquier frustración. En realidad, lo que se provoca de este modo es una cierta intolerancia a la frustración y la ilusión de que algo que pertenece al plano emocional puede calmarse con alimento material.

Lo que transmita la madre cuando alimente a su hijo marcará la relación de éste con la comida. Esta transmisión es inconsciente y tiene que ver con la historia emocional que la madre ha vivido.

LA HISTORIA DE LA MADRE

Toda mujer llega a la maternidad con la experiencia de haber sido hija y tiene que construir la suya a partir, por un lado, del lugar que ella es capaz de ocupar y, por otro, de cómo ha situado imaginariamente al hijo en su vida. El modelo que ha construido para llegar a ser madre se realiza a partir de lo que ha recibido de su madre y de su padre y después de haber atravesado por una serie de vicisitudes inconscientes que pueden haber dejado un buen recuerdo o no.

Ha sido educada en unos hábitos de alimentación que seguramente intentará transmitir, pero serán los registros emocionales con los que se haya alimentado los que marcarán la futura relación de sus hijos con la comida.

Cuando tiene un hijo, toda madre reedita los conflictos inconscientes que padeció con la suya. Por ello, cuando nos convertimos en madres, nos volvemos más comprensivas o, por el contrario, más críticas, hacia la labor que realizaron con nosotras.

La mujer, como el hombre, atraviesa una etapa edípica (no patológica, sino necesaria para conseguir una identidad sexual). En particular, a la mujer le sirve para apartarla de la madre. Durante esa etapa comienza el proceso de separación de la madre que sólo se concreta cuando un tercero, el padre, comienza a cobrar importancia para la hija. ¿Por qué la niña se aleja de la madre y prefiere al padre? Según la teoría psicoanalítica, porque la madre no le da todo lo que ella desea. Decepcionada, se dirige al padre para seducirlo y conseguir lo imposible: que sea sólo para ella y le dé aquello que la madre le negó.

En un principio la niña ve en su madre a un ser disponible en todo momento. La demanda infantil es muy fuerte, pero poco a poco la niña descubre que la madre tiene otros deseos relacionados con el padre, además del de cuidar de ella.

Todos hemos visto cómo las niñas de tres años miran al padre amorosamente e intentan ser miradas por él, atraer su atención. Si la historia con la madre ha sido buena, ésta permite la separación de la hija y no tiene celos de la relación con el padre. Si el padre está preparado para serlo y acepta a su hija, entonces éste le proporcionará las herramientas necesarias para que su hija tenga buena relación con su identidad como mujer y no tenga ninguna pelea con su cuerpo.

Si en esta travesía que la niña realiza, y que se produce entre los tres y los cinco años, hay graves dificultades, más tarde puede volver sobre el camino ya hecho. Entonces regresa e intenta resolver la ambivalencia con la madre. En ese punto pueden surgir problemas con relación a la comida.

Al no poder dar los pasos necesarios para conseguir una identidad, la joven regresa a la madre y establece una atadura que complicará su relación con los hombres.

La madre, por su parte, puede ser ambivalente con su hija si el crecimiento de ésta representa para ella la amenaza de envejecer. Lo más normal es que se defienda de esa «amenaza» tratando a su hija como una niña, lo que dificultará su proceso para convertirse en mujer con una sexualidad adulta. Cuando la hija no consigue desatar esa ligazón interna que la une a su progenitora, el lazo permanece en el inconsciente e intenta resolverlo en la vida adulta encontrando a un hombre que sea como una madre. Probablemente teñirá sus relaciones de un amor infantil e inmaduro, convirtiéndose en una mujer muy demandante y con poca capacidad para decidir.

EL DESEO DE SER MADRE

El lugar que una mujer da a su hijo depende de dónde se encuentre ella misma después del recorrido efectuado a lo largo de sus identificaciones. Todo hijo ocupará un lugar para la madre y tendrá un determinado sentido para ella, dependiendo del tipo de experiencia que haya tenido con relación a sus padres y del tipo de identificaciones sexuales que le haya sido posible realizar.

Por otra parte, su deseo de ser madre va a recaer sobre el padre y le permitirá ocupar mejor o peor la función de padre.

Después de un período de fuerte unión, necesaria tanto para el hijo como para la madre, ésta deberá permitir que se vaya separando de ella. Este proceso se debe a que el deseo de la madre no es colmado por el hijo. Hay otro al que desea y por el que es deseada: el padre. Ambos tienen que compatibilizar la función de padre o madre con la de ser pareja del otro, percepción que empujará al niño a ser independiente.

El padre, o aquello que sirve para realizar la función paterna, salva al hijo o a la hija de quedar atrapados en una situación dual, donde uno queda sometido al otro.

Cuando una mujer sigue dependiendo de su madre a la que siempre, sin saberlo, ha considerado omnipotente, se encontrará con problemas a la hora de maternar a su hijo. Dirá que quiere hacerlo y lo intentará porque su deseo consciente es el de ser una buena madre, pero no podrá porque esta inhibición se encuentra más allá de su voluntad. Por ejemplo, si sigue prendida a su madre de un modo muy primario, le costará dar de mamar a su hijo. El biberón, que sustituye a la teta, viene en ayuda de los dos.

EL PRIMER VÍNCULO CON LA MADRE

El vínculo arcaico e inaccesible que une a los hijos con la madre se caracteriza por un apego intenso que tiene importantes consecuencias para la vida futura de los niños.

Con relación a la niña su dependencia hacia la madre convive con una gran hostilidad. El sometimiento siempre provoca una rabia que empuja a escapar de él.

Nacemos con una gran dependencia. Aprender a separarse es lo que conduce a obtener una identidad sexuada tanto a la chica como al chico.

La dependencia absoluta con la que venimos al mundo hace que nuestra madre pueda ser interiorizada como un ser todopoderoso. Los niños se sienten como si «fueran uno con su madre»; diferenciarse es la aventura de la identidad.

Para separarse necesitan la mirada del padre y su papel en la educación.

LA MIRADA DE LA MADRE

La mirada de la madre es un continente que acoge y envuelve al hijo. Con la mirada, lo aprueba o lo rechaza; se discrimina de él o se confunde con él.

Ser mirado es ser reconocido y, al mismo tiempo, ser aceptado o tal vez juzgado. La mirada que la madre dirige a sus hijos los sitúa en un lugar que puede estar más o menos predeterminado por los deseos que deposite sobre ellos.

Si su identidad es relativamente madura, no depende sólo de sus hijos y existe una adecuada intervención del padre, les dará la libertad necesaria para que éstos vayan asumiendo sus propios deseos. Habrá aceptación en su mirada y sus hijos se sentirán mejor dentro de su cuerpo, pues incorporarán esa mirada que los sostuvo en el principio de sus vidas y que les dio seguridad.

Rosa: una nueva imagen

Ahora que había conseguido adelgazar, llegaba su madre y le ofrecía unos dulces que la encantaban. ¿Era un acto de amor o de desamor?

En cualquier caso, iba en contra de sus deseos actuales, pues se había puesto a dieta y su madre lo sabía. Aunque no le fue fácil, se negó a comerlos.

A Rosa le molesta que su madre le complique la tarea que se impone para estar más a gusto consigo misma. Lo curioso es que cuando come sin estar pendiente de la dieta, su madre le señala que se pasa y que tenga cuidado, que va a engordar. Cuando consigue llevar a cabo el régimen y adelgazar, se presenta con comidas que la engordan. A ella le da la impresión de que a su madre no le parece bien nada de lo que hace con relación a la comida.

La madre de Rosa es buena cocinera, y éste es el único aspecto de su vida en el que se siente segura y reconocida, así que forzó demasiado a su hija a comer, lo que hacía probablemente para sentirse querida. Pero esto provocó algunos conflictos. Rosa siente que el control de su madre sobre lo que ella come es una forma de infantilizarla, una manera de conquistarla amorosamente con sus ricos alimentos. Ahora bien, Rosa no percibe otra razón que tiene esta actitud de su madre: la de ocultar la inseguridad que siente en los demás aspectos de la vida. Se refugia en la cocina porque al ser reconocida como buena cocinera intenta, preocupándose por lo que comen los demás, paliar sus carencias afectivas en otros terrenos. De esta manera, identifica la función de madre con la de dar ricos manjares.

Rosa se acomodó durante mucho tiempo a lo que su madre le daba y comía demasiado porque era una forma de tenerla contenta. Cuando trató de cambiar su imagen y adelgazar, fue porque había cambiado su manera de mirarse a sí misma. Ya no necesitaba seguir calmando a su madre. Quería crecer e irse. Había dejado de tener miedo a la vida y a la sexualidad. Una psicoterapia le había servido para descubrir que el deseo de tener contenta a su madre la ataba a ella y así no se enfrentaba al miedo que le daba madurar.

LA MADRE QUE FANTASEAMOS, EL HIJO QUE IMAGINAMOS

La imagen que de la madre tienen el hijo y la hija cuando son pequeños corresponde a una fantasía y no a las figuras reales de sus progenitores. La madre aparece omnipotente y proveedora de todo cuando se necesita. El hijo concede a su progenitora poderes mágicos: cree que ella lo tiene todo y que además no le ha costado nada conseguirlo.

Esta omnipotencia atribuida a la madre imaginaria es la contrapartida de la impotencia funcional que el niño siente ante la falta de dominio de su cuerpo. Elaborar la omnipotencia atribuida a la madre va de la mano de adquirir recursos propios, una identidad y una subjetividad. El crecimiento consiste precisamente en eso, en desprenderse de esa imagen y aprender a mirarla como es: más carente, más humana.

Si la madre que imaginamos, que siempre está idealizada, se mantiene vigente en el inconsciente, puede aparecer un rechazo a la comida o un apego excesivo a ella. El primer caso representa un intento de separarse de la madre; el segundo, una forma de incorporarla dentro de sí.

En el hijo, la madre idealizada (la fantasía de la madre omnipotente) puede provocar una futura dependencia de las mujeres, que lo llevará a colocarse en una posición infantil frente a ellas.

La madre también puede tener su fantasía, consciente o no, del hijo que desearía tener y que viene a resarcirla en alguna medida de lo que ella no pudo ser. Esto tiene consecuencias sobre el hijo, pues le será muy difícil construir sus deseos, realizar sus aspiraciones y hacer propios sus logros.

En el caso de una madre que haya padecido un exceso de peso, podría controlar mucho la comida de la hija en un intento de que consiguiera lo que ella no pudo: ser delgada.

Ciertos hombres opinan que nadie les da de comer mejor que su madre. Y discuten con su mujer porque la comparan con ella. En realidad, la verdadera pelea es con una madre que se les impone desde dentro como la que sabe y a la que, en cierta medida, se sienten sometidos.

ANTONIO: UN MARIDO INSATISFECHO

Nunca estaba la comida a su gusto. María, harta de las protestas de su marido, le dijo que si no le gustaba se la hiciera él. María estaba especialmente molesta porque además en esos momentos su suegra se encontraba con ellos, recuperándose de una operación.

Desde la llegada de su suegra, María se sentía continuamente examinada y suspendida por las opiniones de su marido con relación a cómo hacía la comida. La suegra solía disculpar a su hijo con frases del tipo «siempre ha sido muy especial para comer»; «desde que padeció la úlcera, tiene el estómago un poco delicado», etc.

Su suegra era, desde luego, más comprensiva con su hijo que con su nuera. Tras esa condescendencia ante una actitud tan intransigente, había un deseo a seguir dominando la alimentación de este hombre-niño. El hijo, por su parte, desplazaba hacia su mujer los sentimientos agresivos que sentía hacia una madre controladora y dominante, de la que no le había sido posible separarse internamente por no haber procesado psíquicamente sus sentimientos agresivos hacia ella, ni haber podido elaborar su rivalidad hacia el padre.

Todo esto lo descubrió Antonio en una psicoterapia a la que acudió porque una depresión le impedía ir a trabajar.

El deseo de colmar a su madre, lo hacía separarse de su mujer; el deseo de seguir siendo niño junto a su madre, le impedía ser hombre junto a su mujer.

Puede ocurrir que en la úlcera de estómago se den implicaciones psicológicas. Se trataría entonces de una transformación somática de una mala relación con la madre. Según dice el psicoanalista Ángel Garma, refiriéndose a un paciente, es como «si la madre lo royera por dentro».

LA MADRE REAL-EL HIJO REAL

La madre real es un ser humano y ello implica que tiene límites y carencias, le faltan cosas, le cuesta esfuerzo lo que hace. Cuando los hijos reconocen ese esfuerzo materno, abandonan las posturas exigentes o rebeldes, porque han dejado de verla como todopoderosa y se sienten menos dependientes. Entonces pueden ayudarla porque se liberan de la fantasía infantil de que es omnipotente, lo que les ayuda a verse a sí mismos con más posibilidades. La comida, que es uno de los primeros intercambios que se hacen con la madre, deja de estar cargada de ansiedad.

Para que la hija o el hijo lleguen a aceptar a su madre de este modo, ella primero tiene que aceptar sus límites y los de sus hijos. Respetar su crecimiento y su autonomía.

El hijo y la hija reales tienen fallos, crecen y se alejan, ya no son seres totalmente dependientes; dejan de ser manejables; comienzan a no estar de acuerdo con su madre e intentan diferenciarse para construir una subjetividad diferente.

Cuando la madre ha elaborado bien la relación con sus padres, se sentirá más libre y dueña de sí misma y podrá fomentar la autonomía de los hijos. Por el contrario, si permanece como una niña exigente, puede que intente calmarse con una actitud voraz hacia la comida o que intente cebar a sus hijos pensando que así no tienen nada que reprocharle. La relación con la comida remite en alguna medida a la madre. El alimento es el vehículo de la energía y del amor maternal.

CARMEN: «DOCTOR, TODO ME SIENTA MAL»

Ana ha acompañado a Carmen, su madre, al médico y escucha lo que ésta le cuenta.

—Todo me sienta mal, doctor, ya no sé qué comer.

—Tómese estas pastillas en las comidas y pida hora al especialista de digestivo; es conveniente que le hagan unas pruebas.

—Verá, doctor, es que tengo a mi marido muy enfermo y no puedo venir a hacerme pruebas varios días. ¿Me las podrían hacer todas a la vez?

El médico la acompaña a la puerta mientras la madre de Ana le explica las dificultades que tiene para hacerse cargo de su marido. Su madre intenta contarle algo de sus síntomas al médico, pero éste tiene sólo unos minutos para escucharla. El estómago de su madre era muy delicado. Cuando comenzaba a molestarle, tarde o temprano aparecía también el dolor de cabeza. Su madre siempre ocupaba mucho tiempo en pensar qué hacer para comer.

Aquel día Carmen comió en casa de su hija y nada le sentó mal a su delicado estómago.

—Parece que la comida me ha sentado muy bien —le dijo a su hija a media tarde.

Atribuía al pescado la buena digestión, pero la verdad es que ese día la comida tenía unos aderezos necesarios para resultar nutritiva, pues estaba condimentada con instinto de protección, cariño, compañía y buena conversación.

Durante la comida, la madre habla un poco de sus preocupaciones y la hija la tranquiliza y le dice que ella la ayudará y que no la dejará sola cuando lo necesite.

A Carmen no le gusta pedir nada a sus hijas, le cuesta hacerlo porque para ella es difícil reconocer sus debilidades. Pertenece a una generación de mujeres que no pudieron trabajar fuera de casa y que no se creen con derecho a reclamar ayuda, porque en alguna medida se minusvaloran. Creen que para ser queridas no tienen que molestar.

Tal vez cuando una hija es capaz de ver a su madre con limitaciones es porque ha podido convertirse en adulta y deja de solicitar a su madre que la siga cuidando como una niña. Entonces, la hija pasa a convertirse en madre de su madre y puede cuidarla: pasa a entregarle a la madre lo que ella siempre le dio: atención y amor.

La afirmación de que siempre podría contar con ella, de que nunca la dejaría sola, hicieron mejor efecto que las medicinas, pues lo que a su madre le sentaba mal era la soledad, el aceptar el rosario de limitaciones que hay que reconocer con el paso de los años, etc. Pero poder hablar de ello, sentirse acompañada y escuchada; sentirse, en definitiva, respetada y querida hace que las comidas sienten mucho mejor.

Hacer las paces con nuestra madre, aceptar que es una mujer con limitaciones, es hacer las paces con nosotras mismas.

DIFICULTADES EN LA MADRE

Algunos sentimientos de la madre hacia sus hijos pueden determinar el tipo de dificultades que éstos lleguen a tener con la comida:

- Celos hacia la niña pequeña porque siente que está demasiado apegada a su padre. Este apego al padre puede estar favorecido por la actitud de éste, que prefiere seguir teniendo a la niña sólo para él y no está dispuesto a que algún día se convierta en una mujer con un hombre.
- Envidia durante la adolescencia de la hija de los éxitos que consigue y que ella nunca pudo obtener.

Esteban Cañamares, psicólogo clínico, señala algunas actitudes en la madre que provocan que sus hijos tiendan a la obesidad. Por ejemplo:

- Cocinar de forma tentadora aquello que les gusta a los hijos pero que engorda.
- Mostrar un estado anímico de tristeza coincidiendo con las bajadas de peso de su hija. Ésta puede inter-

pretar que si realiza su deseo de adelgazar perjudica a su madre.

— Culpabilizarla si no come. Esta actitud hace sentir a los hijos que pueden dañar a la madre si no comen.

— Estimular los miedos de la hija, pues de esta forma siente que debe quedarse con su madre y no separarse de ella, no tener cuerpo de mujer ni ser atractiva para los hombres. Induce a la hija a tener miedo al género masculino con frases de tipo «todos los hombres van a lo que van», «ten cuidado con ellos, no seas tonta»... Ésta es una de las formas que más dañan la posibilidad de la hija de llegar a ser mujer con un hombre. Este miedo es muy fácil de cultivar si entre la madre y el padre ha existido una mala relación de pareja.

— Criticar la obesidad de los hijos es una forma de expresarles nuestro rechazo. El rechazo de una madre, paradójicamente, se puede convertir en una de las ataduras más fuertes. Ésta es la trampa en la que cae la chica obesa, quien con su gordura expresa, por un lado, su rebeldía; pero, por otro, una demanda de amor. Interpreta el hecho de que su madre esté pendiente de ella y de su forma de comer como una manera de ser querida.

DIFICULTADES EN LA HIJA

Algunos deseos de la hija hacia su madre le provocan síntomas relacionados con trastornos en su alimentación:

– Quiere seguir ocupando el lugar de sostén de la madre. No asume la separación de ésta. Continúa en una posición demandante. Esta posición de la hija se favorece cuando la madre supone que le puede dar todo.

– El proceso psicológico que tiene que producirse en la adolescencia, cuando se despide de su cuerpo infantil y asume una sexualidad adulta, puede presentar complicaciones. Entonces la niña regresa a ocupar el lugar inicial al lado de la madre. Esto le produce una rabia que sólo puede expresar rechazando la comida o engordando sin control.

CÓMO PUEDE AYUDAR LA MADRE A EVITAR LOS TRASTORNOS ALIMENTARIOS DE SUS HIJOS

– El espacio para comer debe limitarse, desde el comienzo de la vida del niño, a un área determinada, que esté especialmente destinada para esa función. La madre tiene que reservar un espacio para dedicarles atención y cuidado mientras los alimenta. Más tarde, la comida debe ser un buen momento del día para hablar de lo que ha ocurrido a cada miembro de la familia y para intercambiar ideas e informaciones.

– Conviene que todos participen juntos en alguna de las comidas diarias. Si a la hora del almuerzo es imposible, habrá que intentarlo a la hora de la cena o a la del desayuno.

– No se debe utilizar la comida como premio o como castigo.

— Hay que tener una buena relación con el deseo de alimentar a los hijos.

Datos para el recuerdo

— Según el acuerdo que una madre haya podido realizar con su subjetividad femenina, tendrá más o menos capacidad para sostener a su hijo y proporcionarle una estabilidad básica.
— La madre tiene una importancia fundamental para transmitirle una relación con la comida que no sea conflictiva.
— En el mejor de los casos, la madre se identifica con el bebé y es capaz de adaptarse a las necesidades de éste, lo que provocará un encuentro feliz entre ambos. Lo que transmita la madre en el momento de alimentarlo marcará la relación del niño con la comida. Esta transmisión es inconsciente y tiene que ver con lo que la madre ha vivido.
— El modelo que ha construido para llegar a ser madre se realiza a través de lo que ha recibido de su madre y de su padre y después de haber atravesado por una serie de vicisitudes inconscientes.
— Si la madre no acepta de buen grado la maduración sexual de su hija porque ello representa para ella una amenaza, la seguirá tratando como a una niña a la que intentará conquistar amorosamente a través de los alimentos. Entonces, la hija puede comenzar a controlar la comida como una forma de controlar a la madre.

- Después de un período de fuerte unión, necesaria tanto para el hijo como para la madre, ésta deberá permitir que se vaya separando de ella, gracias a los deseos sexuales de la madre hacia el padre y del padre hacia la madre.
- El vínculo arcaico e inaccesible de la niña con la madre se caracteriza por un apego intenso. Su dependencia hacia la madre convive con una gran hostilidad.
- La feminidad de la mujer se construye a lo largo de toda la vida.
- La mirada que la madre dirige a sus hijos los sitúa en un lugar que puede estar más o menos predeterminado por los deseos que ella deposite en ellos
- Los hijos imaginan una madre ideal y omnipotente. El crecimiento consiste en aprender a desprenderse de esa imagen y mirarla como es: más carente, más humana.
- Si la madre idealizada permanece en el inconsciente, aparecen síntomas como el rechazo hacia la comida, que representa una forma de separarse de ella, o atracones incontrolables como una forma de incorporarla dentro y a la vez destruirla.
- En algunos hombres, la necesidad de asegurarse la victoria sobre la madre omnipotente se desplaza a veces hacia otras mujeres y se puede llegar a establecer con ellas una lucha en torno a la comida.
- Si la madre es importante en la transmisión que realiza para que sus hijos mantengan un buena relación con la comida, siempre hay que tener en cuenta que esto no depende sólo de ella, sino que también es fruto del vínculo que tenga con el padre.

5

El padre

Cuando nos empeñamos con demasiada insistencia en medir, controlar y contar las proteínas que ingerimos, quizá estemos huyendo de inquietudes menos controlables que el peso. ¿Cómo se cuantifican las proteínas afectivas? ¿Qué cantidad de ellas digerimos y cuáles se quedan dentro sin metabolizar, sin expresarse?

En lo que denominamos Primer Mundo sobra la comida. Somos, con las excepciones que sea preciso señalar, unos privilegiados en este aspecto. Pero hay otra forma de miseria menos visible, aunque tan dañina como la anterior: la miseria afectiva.

Si nuestra historia afectiva ha sido pobre, es difícil que nos sintamos bien con nosotros mismos y que seamos capaces de establecer buenas relaciones con los demás. Estaremos en malas condiciones para amar y amarnos, pues el amor se aprende por la experiencia vivida. Si no nos amaron en la infancia, si no estuvimos bien nutridos desde el punto de vista afectivo, tampoco seremos capaces de nutrir a otros. No se puede dar lo que no se tiene.

La influencia del padre es decisiva en nuestra historia

emocional. Proporciona un alimento afectivo que asegura nuestra manera de estar en el mundo. La carencia de ese alimento provoca, por el contrario, una sensación de precariedad que marcará a los hijos.

LA PREOCUPACIÓN CONYUGAL PRIMARIA

Aunque su influencia no es tan visible como la de la madre, el padre determina la forma de sentirse en el mundo y esto incluye también la relación con la comida. Nos referimos en el capítulo anterior a la «preocupación maternal primaria» como a un estado especial en el que la madre acoge a su bebé y lo alimenta. Para que ello se produzca en las mejores condiciones, es muy importante que en el padre se produzca la «preocupación conyugal primaria», que no es otra cosa que la capacidad para tomar a su cargo la pareja madre-bebé, apoyar a la madre cuando lo necesite, e implicarse con ella en el cuidado del hijo.

Para la madre es muy importante en esos momentos sentirse protegida y ayudada. Ello le permitirá dirigir su energía al bebé. En caso contrario, estará ansiosa, y transmitirá esta ansiedad al niño a través de la alimentación.

Así pues, ocupar el lugar de padre desde los primeros momentos y no convertirse en otro «hijo», celoso del «hermanito-hijo», determinará muy probablemente la relación del bebé con su alimentación.

LA HUELLA DEL PADRE

«Es el padre el que hace la primera hipoteca en el corazón de una mujer, el marido sólo hace la segunda», le decía Freud a Marie Bonaparte, biznieta de Napoleón y alumna suya.

En la sexualidad, tanto femenina como masculina, resulta fundamental la erogenización primaria, que se organiza en el intercambio entre la madre y el recién nacido. Sin embargo, es el padre el personaje decisivo para que la niña se lleve bien con su ser mujer y para que el niño acceda sin problemas a encontrar una identidad masculina.

Es la ternura firme y constante del padre lo que contribuirá a que la hija asuma su feminidad y a que se lleve bien consigo misma, disfrutando de la vida. El padre colabora en gran medida a que la hija acepte bien su propio cuerpo. Cuando el padre falla, se puede volver a la primera relación, que inevitablemente está asociada a quien nos proporcionó los primeros alimentos. Por eso, a veces los conflictos con la figura paterna se intentan compensar con la comida, que remite a un tipo de gozo seguro y conocido.

Una mirada cariñosa sobre la hija la enseñará a verse con la misma indulgencia y afecto con los que su padre la miró. El chico, por su parte, necesita un padre que lo apoye y no compita con él, un padre que no le exija ser un «macho» para ocultar el miedo a las mujeres.

Si no existe una mirada cariñosa sino indiferente o si al mirar a su hija se siente atraído por ella, la hija no se sentirá querida y un sentimiento de rebelión puede amargar su futuro. En los casos en que el padre no cumple su función una psicoterapia puede garantizar la construcción de un padre interno que asegure a sus hijos en su identidad.

LA MIRADA DEL PADRE

Las palabras que el padre dirige a su hija y los comentarios respecto a su cuerpo y a su aspecto físico tienen un peso importante en cómo se vea la hija.

Los sentimientos de rechazo o negativos sobre sí misma pueden tener su origen en comentarios de su padre. Hay padres que dan signos de aprobación cuando la hija se muestra fuerte, capaz e independiente, y padres que lo hacen cuando la hija se muestra dócil o sumisa. El deseo de complacer al padre marcará a la hija, que se colocará allí donde crea que al padre le gusta. Y se encontrará más o menos a disgusto con su cuerpo y consigo misma en función de que la mirada del padre sobre ella haya sido de aceptación, de indiferencia o de rechazo.

En el primer caso, la hija tendrá más fácil la relación consigo misma y con los hombres. Pero si su padre ha tenido hacia ella algún tipo de rechazo, es posible que repita malas experiencias con otros hombres. Modificar el tipo de mirada interna que se tiene hacia uno mismo es fundamental para no repetir con las parejas algunos conflictos que heredamos de la relación afectiva con el padre y con la madre.

LAURA: PROTEÍNAS AFECTIVAS

Una sombra planeaba sobre su ánimo asfixiando cualquier aliento de placer. Se sentía aplastada por un peso que no sabía cómo expresar. Al salir de la sesión se metió en una cafetería para no llorar por la calle. Pidió un café, aunque no sabía si podría tragarlo. Tenía un nudo en la garganta.

Laura había acudido a una psicoterapia por los problemas que tenía con la comida. Siempre estaba a dieta y aun así engordaba mucho porque no podía evitar saltársela continuamente. Después comenzaba a ponerse triste, a recriminarse y a preguntarse por qué lo había hecho. Se enfadaba consigo misma por no tener fuerza de voluntad.

Llevaba tiempo acudiendo a las sesiones. Aquel día contó un sueño en el que se veía comiendo un solomillo. No se le ocurría nada en relación con el sueño, sólo que a su padre le gustaba mucho esa carne, de la que aseguraba que tenía muchas proteínas. Su psicoanalista le hizo una pregunta:

—¿Cómo es tu padre?

Laura se sorprendió.

—¿Mi padre? ¿Que cómo es mi padre? Alto, moreno, y tiene los ojos de color…, no sé, vaya pregunta. Y por qué quiere saber algo de él.

Durante el tiempo que llevaba de psicoanálisis su padre apenas había aparecido en lo que ella decía. Le costaba hablar de él. Si hubiera tenido que referirse a su carácter, habría dicho que era un hombre rudo, con dificultades para transmitir cualquier tipo de sentimiento, rígido e intransigente.

Se daba cuenta de que tenía que hacer un esfuerzo para reconocer cómo era, como si se tratara de un desconocido.

Laura no sabía aún que desde aquel momento, cada vez que se refiriera a su padre en las sesiones, lloraría. Entonces comenzó a advertir que aquello de lo que menos se habla es precisamente lo que más nos afecta. ¿Hasta qué punto el hecho de no tenerlo presente en sus sesiones constituía un intento de dominar el efecto que había tenido en su vida?

Laura comenzó a recordar que desde muy pequeña había tenido problemas con la alimentación. Era difícil que acabara lo que tenía en el plato, lo que provocaba entre ella y su madre frecuentes discusiones que zanjaba el padre enviándola castigada a su habitación.

—Y no salgas —solía añadir— hasta que tengas hambre.

Pero al poco tiempo iba a buscarla y casi le pedía perdón por haberla castigado. Le decía que podía ver la televisión mientras comía algo. Esta forma de actuar de su padre resultaba muy confusa y desconcertante para Laura.

Su padre se angustiaba por lo que le pasaba a su hija con la comida. Siempre estaba encima de ella, pensando que le podía pasar algo malo. Tenía la extraña manía de preocuparse por la cantidad de proteínas que se comían en casa. El padre de Laura era carnicero. Esta excesiva preocupación por su hija era una forma de compensar su endeble posición como padre durante la infancia de la niña. Cuando alcanzó la adolescencia, se retiró prácticamente de su educación y ya no se refería a ella directamente. Todo pasaba a través de la madre.

Así pues, Laura nunca supo a qué atenerse en lo que se refería a su padre, ni tampoco en lo que se refería a la comida. Cuando se ponía a dieta para intentar controlar su alimentación, estaba en realidad llevando a cabo un ejercicio de autonomía que enseguida se venía abajo, pues tampoco sabía mantener un deseo propio que la hiciera libre.

La huella que la posición endeble de su padre le había dejado, se manifestaba sobre todo en sus dificultades con la comida. A lo largo del tratamiento Laura organizó dentro de sí un padre menos confuso y comprendió que muchas de las dificultades que había tenido provenían de que el hombre intentaba compensar con las proteínas de la carne su dificultad para transmitir proteínas afectivas. Después del proceso terapéutico pudo aceptar las dificultades y carencias de su padre y de esta forma comenzó a dominar mejor las propias.

SONIA: LA FALTA DE RECUERDOS

Sonia come cantidades excesivas de dulce cuando se pone nerviosa. Ha engordado siete kilos en dos meses. Hace poco se separó de su tercera pareja porque él había empezado a beber demasiado y las discusiones eran continuas. El padre de Sonia era alcohólico y desapareció de su vida cuando ella tenía tres años. Es casi lo único que sabe de su padre: que era alcohólico, que bebía mucho y que llegó un momento en el que apenas comía, como si sólo se alimentara de alcohol.

Este dato ha marcado la historia de su vida, pues ella cree que por ello las abandonó. Apenas sabe cómo era más allá de sus borracheras, pues su madre no le ha transmitido otra cosa.

Sonia vivió siempre muy unida a su madre, pero desde que se independizó y se fue a vivir con su primera pareja, su vida sentimental no marcha y está a punto de creer que su destino es vivir sola, como su madre. Siempre elige al hombre inadecuado, por lo que el bienestar dura poco tiempo. Cuando no la abandonan, ella encuentra algo imperdonable que provoca la ruptura. Esta vez ha sido el colmo. ¿Cómo pudo, con su historia, enamorarse de un hombre que bebe demasiado?

Sonia está dominada por una compulsión inconsciente a repetir experiencias que arruinan sus relaciones amorosas con los hombres. Se ve empujada por algo que le impide establecer una relación conyugal duradera. El hecho de engordar de ese modo la hace sentirse mal consigo misma y se lo pone todo aún más difícil. Da la impresión de que come por todo lo que su padre no comió y de este modo se une a él. Con la repetición de las rupturas sentimentales Sonia revive el primer abandono que sufrió por parte de su padre y que en su mente ella atribuye a la idea de que él se fue porque ella era mala y merecía un castigo. Esta idea inconsciente la obliga a castigarse y a destruir su cuerpo para no compartirlo con un hombre y estar a disgusto consigo misma. Por otro lado, ella repite algo que ha olvidado: su padre solía regalarle dulces y golosinas cuando era pequeña. A ella le gustaban, pero no lo recuerda, y por ello mismo, porque el recuerdo actúa de manera inconsciente, come tantos dulces. En la repetición del acto de comer dulces recupera algo de la relación con su progenitor que sí fue placentero.

El padre real de Sonia quedó *ausente* en su historia emocional. Apenas tenía datos de su vida, lo que, unido a las características psicológicas de su madre, dejó a Sonia demasiado confundida con su progenitora.

A Sonia le hubiera gustado saber algo más de su padre, pero su madre, dolida por el abandono, no pudo darle sobre él ningún dato que no tuviera que ver con el alcohol.

Tampoco durante su infancia hubo algún otro hombre significativo para ella que la hubiera ayudado a suplir la carencia paterna. Por eso buscaba en sus parejas al padre ausente.

Cuando empezaba a fraguarse la separación de su nueva pareja, comía más para sentirse llena y negar así el vacío que sentía.

ENRIQUE: UNA DIGESTIÓN IMPOSIBLE

Tenía cuarenta años y estaba casado. Trabajaba en la empresa de su padre, un hombre narcisista y vanidoso que trataba a su hijo con cierto desdén. Enrique se veía relegado a ser la sombra de su padre, como un niño incapaz. La mujer de Enrique, alineada con su suegro, al que admiraba por sus demostraciones continuas de poder, reprochaba a su marido su apatía y su debilidad. Enrique, reducido a ser una nulidad frente a la figura paterna, se veía empujado a la sumisión total y aliviaba su desesperación concentrando su interés en vivir pendiente de lo que comía. Su estómago era muy delicado y tenía que estar a dieta y tener mucho cuidado con su alimentación. Este tipo de cuidado era el único que recibía.

Enrique quería conquistar la estima paterna trabajando

sin descanso, pero no encontraba ninguna aprobación por parte de un padre incomprensivo, que sólo quería ser *patrón* y que no sabía ser padre, pues siempre rechazó al suyo porque lo consideraba débil, al compararlo con un padre idealizado que mantenía en su fantasía. Curiosamente, aquello que menos soportó en su padre y que disfrazó en sí mismo con una prepotencia sintomática, lo ve ahora en su hijo y por ello lo menosprecia. Sin elogiarlo jamás cuando consigue buenos resultados, lo ridiculiza delante de todos cuando comete un error.

Cuando murió su padre, Enrique intentó hacerse cargo de la empresa familiar. Pero no pudo, pues no le habían enseñado a asumir responsabilidades. A los pocos meses comenzó a tener una gastritis importante, y más tarde se le detectó una úlcera. Podía comer pocas cosas y siempre ligeras. Su mujer lo abandonó y él volvió a casa de su madre. Comenzó a trabajar de nuevo, se pasaba el día en la empresa, pero jamás logró la autonomía personal que buscaba. Su úlcera hacía necesario que su madre estuviera pendiente de su alimentación. Sus digestiones eran difíciles y pesadas. Quizá la digestión imposible de realizar fuera la de la relación que había mantenido con su padre. Se ha dicho que el ulceroso es un ser sediento de amor.

CLARA: HABLAR DE VINOS

Clara, cuyos padres estaban separados, había quedado a comer con su padre. Por un lado, le apetecía hablar con él y decirle lo que había representado en su vida, pero, por otro, dudaba sobre el sentido de esa conversación, pues se trataba de un hombre hermético. Clara se había acercado a él más desde la mirada de su madre que desde la propia, por lo que ahora, después de tantos años, continuaba siendo para ella un desconocido. ¿Cómo se podía estar tan cerca y tan lejos de alguien al mismo tiempo? ¿De qué manera se había ido fraguando aquella incomunicación entre los dos?

Con el tiempo, Clara descubrió que esa lejanía era la forma con la que él se protegía de ejercer su papel de padre, ya que le resultaba extremadamente conflictivo. Manteniéndose a distancia ocultaba su incapacidad para acercarse a ella y decirle esas palabras que toda niña espera de su progenitor. Palabras de reconocimiento, de aprobación, de confianza, para salir al mundo como una mujer que sabe lo que quiere porque también se sabe querida. Como contrapartida, aquella lejanía había permitido a Clara mantener dentro de sí un padre fantástico que se ajustaba más a sus deseos que a la realidad.

Escondido tras su madre, el padre de Clara favoreció que aquélla fuera el centro de todas sus críticas. Mamá tenía siempre la culpa de todo, también de lo que él no hacía. Era preferible pensar que ella no lo dejaba actuar a que él no podía hacerlo. Los defectos de una madre se sobrellevan mejor si se funciona con la idea fantástica de que detrás de ella hay un padre perfecto. Y eso es lo que Clara necesitaba creer en su fantasía.

Culpar a la madre de las incapacidades paternas constituye una forma habitual de salvar al padre. El problema es que cuando hay que salvar a un padre de este modo es porque no puede sostener el lugar que le corresponde con relación a su mujer y a sus hijos. Clara se había construido dentro de sí la imagen de un padre ideal que tapaba las carencias del padre real. Ese padre ideal se mantuvo mucho tiempo en su imaginación, porque estaba hecho a la medida de lo que no había encontrado en el suyo. La lejanía que el padre siempre había mantenido favorecía que permaneciera idealizado.

No obstante, Clara siempre había sospechado que esa fragilidad que a veces sentía para enfrentarse al mundo y que en muchas ocasiones aliviaba comiendo, guardaba relación con la poca afirmación que ella había obtenido de su padre. Tras el padre eficaz se escondía un padre débil y temeroso que había tenido mucho miedo de enfrentarse a la educación de su hija.

Durante la comida, volvió a aparecer la incomunicación. Tras las preguntas de cómo te encuentras, qué tal estás, etc., resolvieron la situación hablando todo el rato de los platos que pidieron. Clara, para tener algo que hablar con su padre, se había hecho una experta en vinos, terreno que conocía muy bien su progenitor. Siempre pensó que había adquirido este tipo de conocimientos para seducir a su padre. No podían hablar de sentimientos, pero ahogaban sus emociones y tristezas hablando de vinos. Era un modo de estar juntos, un punto de unión, una forma de quererse.

BEGOÑA: LA PRINCESA DE PAPÁ

Comía para no morir, pero la desesperación con la que lo hacía la llevaba a pensar que también comía para matarse.

Begoña devoraba la comida como quien quiere explotar. No se gustaba a sí misma, pero creía que era su marido el que ya había dejado de quererla, el que ya había dejado de mirarla.

¿Qué había conducido a Begoña a darse esos atracones?

A Begoña le encantaba cocinar y disfrutaba haciéndolo. En su memoria inconsciente había quedado el placer que percibía en su padre cuando andaba entre fogones. Lo recordaba en los días de fiesta, cocinando y preparando una paella espléndida que a ella le encantaba. Durante su infancia ayudaba a su padre y le hacía de pinche, mientras escuchaba sus historias. Begoña recordaba su infancia asociada a sabores, olores e historias. Estaba muy apegada a su padre, pero éste había muerto hacía dos años de un infarto. El impacto fue demasiado fuerte y demasiado rápido. Aún no había elaborado el duelo. Aún hoy no podía hacer paella.

Begoña tenía tan *idealizado* a su padre que se siente culpable de estar con un hombre que no sea él. Come mucho para dejar de gustarle a su marido y no traicionar a su progenitor. La dependencia de su padre le produce una rabia considerable y por esta razón no puede elaborar el duelo. Lo culpa por haberla dejado sola, por haberse ido.

El padre de Begoña la llamaba princesa cuando era una niña y ella no dejó de imaginarse que algún día alcanzaría a gobernar un reino de la mano de él.

LA FUNCIÓN DEL PADRE

Se trata de una función relacionada, evidentemente, con el padre, pero que puede llevar a cabo otra persona. Gracias a esta función se produce una operación psicológica que ayuda al niño a reconocerse distinto de la madre.

El hombre-padre colabora para separar al hijo de la madre, lo que permite a éste recorrer los caminos que lo conducen fuera de la familia y que le ayudan a manejarse bien en el mundo.

El padre ayuda a sus hijos a realizar conquistas en el mundo exterior. Cumple una función que sirve para ordenar el psiquismo y afirmar la identidad.

Cuando la función paterna ha tenido graves alteraciones, la feminidad y la masculinidad se viven de manera conflictiva.

La función paterna puede ejercerla un hombre que no sea el padre real, por eso se dice tanto la frase «fue como un padre para mí». Cualquier hombre unido a una mujer a la que ama puede acompañar el crecimiento de sus hijos. La paternidad está más cerca de la psicología que de la biología.

EL PADRE IDEALIZADO

En la evolución psicológica de la niña hay un período en el que el padre está sometido a un proceso de idealización. Este proceso se produce porque la relación con la madre decepciona y entonces se dirige al padre como el último recurso para conseguir lo que supone que la madre le niega.

La madre está asociada a la que pone límites, fundamentalmente en relación con los hábitos higiénicos. Por otro lado, la madre también aparece limitada ante los ojos de la niña. Ve que desea otras cosas, a otras personas, fundamentalmente al padre. Su madre no es «perfecta», no tiene todo, necesita otras cosas, aparte de ella. Entonces, la niña dirige la mirada hacia el padre y lo idealiza para contrarrestar la decepción sufrida.

Si la decepción de la niña con la madre está dominada por experiencias buenas y por frustraciones normales, dosificadas progresivamente, la niña habrá realizado con la madre identificaciones no conflictivas. Si, además de ello, el padre tiene las características adecuadas para soportar las proyecciones que la hija efectúe sobre él, ésta podrá construir ideales sobre otras figuras que lo sustituyen (profesores, parejas, etc.) y no quedará retenida junto a su progenitor.

EL PADRE PATRÓN

El padre que coloca a sus hijos en la posición de subordinados es un padre celoso que esconde, tras la posición de poder, el miedo a ser desplazado por ellos.

El que se siente irreprochable y que todo lo hace bien, que no acepta equivocaciones y fallos, el padre que está presente en todo y controla en exceso, no da margen a sus hijos para que confíen en sí mismos.

Al chico le provoca una suerte de sometimiento que le impide adoptar la posición activa y viril que todo hombre necesita, por lo que se queda apegado a la madre en una posición infantil y dependiente. Puede buscar una mujer que actúe como madre y lo alimente como a un niño.

A la chica le crea una imagen poderosa que tampoco le permite rebelarse y probablemente la llevará a someterse a otro hombre o por el contrario a elegir una pareja débil que reflejará el aspecto insuficiente del padre. Cuando un padre recurre al autoritarismo es porque no puede ejercer la autoridad.

EL PADRE DESVALORIZADO

El padre frágil y poco consistente transmite un desamparo psicológico difícil de superar, pues un padre devaluado no ejerce como tal; no sirve para poner límites ni para enfrentar las rebeliones adolescentes. Por lo general, este tipo de hombres se esconde tras la madre, en quien delega su lugar.

Transmite a los chicos una identidad frágil y no sirve para afirmar la feminidad de las chicas.

EL PADRE AUSENTE

El padre es indispensable para la construcción de la personalidad, pues es el encargado de separar psicológicamente al niño de la madre para posibilitarle la operación de adquirir una identidad propia.

Ahora bien, esta función del padre la introduce, paradójicamente, la madre. Ella es quien actúa de puente entre el padre y los hijos. Si la madre corta el paso a la entrada del padre en la relación, perjudica la evolución de los hijos y los hace más dependientes de ella, menos autónomos. En realidad, es una madre que se siente atada a su hijo y que no le posibilita que se libere porque no le atrae el hombre. Ahora bien, una mujer que actúa de esta forma probablemente ha elegido como padre de su hijo a un hombre que de alguna manera se ausenta a la hora de ejercer sus funciones como padre y tampoco quiere retener a la madre como mujer.

Una madre capaz de fomentar el desarrollo de sus hijos se caracterizará por ser más autónoma y madura, lo que hará posible que sus hijos asuman su identidad con más facilidad.

Así pues, la madre también puede, y lo hace en muchas ocasiones, cubrir las carencias del padre ausente enseñando a los hijos a discriminarse de ella. La ausencia del padre produce, cuando menos, un sentimiento de indefensión o de rebelión. Cuando decimos «padre ausente», nos referimos al padre que carece de la fortaleza necesaria para implicarse en la función paterna. En el caso de la ausencia real, provocada por separación física, geográfica o fallecimiento, la madre puede ejercer también su función, si reúne las condiciones psicológicas para ello.

EL PADRE ADECUADO

Un padre capaz de sostener la posición adecuada se implica en la educación de su hijo y lo respeta para que sea autónomo. Tiene que ser coherente en lo que le dice y confiar en sí mismo, pero también saber ponerse en cuestión. Un padre adecuado no se cree infalible. No tiene miedo de sus fallos ni de los de sus hijos, porque sabe aprender de los errores y no es prepotente.

Con frecuencia, el padre es sensible a las necesidades afectivas de su hija y cumple su función con éxito. Sin embargo, hay casos en los que no puede llevar a cabo esta labor por dificultades psíquicas propias que no le han permitido llegar a una sexualidad adulta. Entonces se refugia en su prole sin asumir sus conflictos. Sus hijos tendrán más dificultades para acceder a una vida sin complicaciones emocionales. Pueden presentar algunos síntomas neuróticos, entre ellos, los relacionados con la alimentación.

EL ATRACÓN: UN IMPULSO AUTODESTRUCTIVO

Si en nuestra niñez hemos percibido una violencia excesiva, de palabra u obra, por parte de nuestro padre, puede que siendo adultos, y sintiéndonos responsables de aquella actitud paterna, castiguemos nuestro cuerpo no cuidándolo; o nuestra mente, reprochando lo que hacemos, minusvalorándonos o echándonos la culpa de todo lo que pasa. Tampoco es raro que utilicemos la comida para aliviar el disgusto que sentimos con nosotros mismos.

El impulso autodestructivo deja al descubierto parte de nuestra vida inconsciente, por la que somos dominados. La adicción a las drogas es uno de los ejemplos más claros; la adicción a la comida no lo es tanto, pero tiene unas características parecidas: el atracón funciona como una «dosis» que calma la ansiedad.

La persona no puede dominarse, porque su yo no tiene la suficiente fuerza para protegerse y defenderse de aquello que le hace daño. ¿Por qué? Quizá porque la necesidad de saldar cuentas con el pasado impide disfrutar del presente. Puede que al identificarse con la actitud autodestructiva de un padre, como en el caso de Sonia, alivie un dolor antiguo, al no habérsele permitido disfrutar de una relación afectiva normal.

Los impulsos autodestructivos tienen relación con sentimientos de culpa, generados durante la primera infancia. Los niños se creen siempre responsables de todo lo que pasa a su alrededor, de todo lo que sus padres hacen o dejan de hacer. Tratan por todos los medios de salvar la imagen de sus progenitores y en ocasiones se echan las culpas de sus problemas.

Antes de enfrentarse al dolor y al desamparo que producen unos padres que no apoyan a un hijo en las necesidades afectivas fundamentales, muchas personas pueden identificarse con la ineptitud paterna o materna y reproducir así en sus vidas el poco cariño que pusieron sobre ellos en su infancia.

Alguien que se autodestruye, como en el caso de Enrique, ofrece esa imagen de su persona a un padre que no lo trató con el cariño suficiente para que interiorizara dentro de sí una instancia capaz de quererlo y protegerlo. Alguien que se autodestruye está sometido a deseos inconscientes que lo dominan.

La intolerancia a la frustración

La maduración psicológica va acompañada de la aceptación de nuestras limitaciones. Cuanto más aceptamos nuestras debilidades, más fuertes nos hacemos. Cuanto más asumimos las inevitables tensiones que la vida provoca, más preparados estamos para disfrutar de lo que nos aporta, pues de ese modo nos hacemos comprensivos con nosotros mismos y con los demás.

Cuando psicológicamente no podemos tolerar las frustraciones, se crea una tensión interna insoportable y entonces aparece la tendencia a destruir o destruirnos.

Las personas que no toleran las frustraciones suelen haber sido niños que fueron sometidos a excesos o restricciones demasiado intensas para la capacidad psíquica que tenían en ese momento. Tratados como adultos cuando eran niños, se comportan como niños cuando son mayores.

Dificultades en el padre

Todas las dificultades que la niña tiene que superar en el camino de su evolución sexual serán felizmente salvadas con las dosis de ternura adecuadas. La ternura de un padre es el clima en el que mejor florece la sexualidad femenina.

¿Cómo y con qué consecuencias influye un padre en el desarrollo psicológico de su hija? Si la apoya y la afirma en su identidad; si la estimula en sus aspiraciones y la motiva en su crecimiento, la hija confiará en él y podrá establecer dentro de sí una instancia que la protegerá. Además, esta actitud del padre ayuda a la hija a separarse de la madre y a superar la antigua dependencia que tenía de ella. A todo esto hay que añadir, como un ingrediente importante, la clase de mirada que el padre dirige a la madre. Si esta mirada es de amor, la niña deseará parecerse a la madre para ser querida por el padre y más tarde ser deseada por un hombre.

El padre es capaz de sostener bien a la hija en su evolución si tiene una buena relación con la feminidad en general y con su parte femenina en particular.

Por el contrario, si el padre no dispensa la suficiente atención a su hija, o se pone celoso de los primeros amores de ésta, la hija sentirá un fuerte rechazo hacia él y también hacia los hombres.

La insuficiencia de amor paterno provoca en la mujer un sentimiento de rebelión contra los hombres, de los que desconfía. Buscará que la decepcionen para abandonarlos, porque en el fondo sigue siendo fiel a ese padre del que espera una reparación imposible.

DATOS PARA EL RECUERDO

- El padre tiene una influencia decisiva en nuestra historia emocional y proporciona unas proteínas afectivas que aseguran nuestra manera de estar en el mundo. Cuando el padre no funciona, provoca en los hijos una sensación de precariedad.
- La «preocupación maternal primaria» es el especial estado en el que la madre acoge a su bebé y lo ali-

menta. Para que ello se dé en las mejores condiciones, es muy importante que en el padre se produzca la «preocupación conyugal primaria»: se trata de que tome a su cargo la pareja madre-bebé; ayude a la madre cuando ésta lo necesite y se haga cargo del bebé cuando ella esté cansada.

— El padre es un personaje decisivo para que la niña se lleve bien con su ser mujer y para que el niño acceda sin problemas a encontrar una identidad masculina.

— Es la ternura firme y constante del padre lo que conducirá a la hija a asumir su feminidad; a llevarse bien consigo misma y con su cuerpo, y a disfrutar de la vida.

— Si no existe una mirada cariñosa, sino indiferente, o si al mirar a su hija se siente atraído por ella, la hija no se sentirá querida.

— En los casos en que el padre falla y no cumple su función, una psicoterapia puede garantizar la construcción de un padre interno que asegure a sus hijos en su identidad.

— Las palabras que el padre dirige a su hija y los comentarios respecto a su cuerpo y su aspecto físico tienen un peso importante en cómo se vea la hija.

— Modificar el tipo de mirada interna que se tiene hacia uno mismo es fundamental para no repetir con las parejas algunos conflictos que heredamos de la relación afectiva con el padre.

— El padre es indispensable para el psiquismo, pues es el encargado de separar psicológicamente al niño de la madre, lo que le da la posibilidad de adquirir una identidad propia.

- La función del padre es introducida, paradójicamente, por la madre. Esta función puede realizarla cualquier hombre que unido a la mujer que ama puede acompañarla en el crecimiento de sus hijos.

- Si la madre corta el paso a la entrada del padre en la relación, perjudica la evolución de los hijos y los hace más dependientes de ella, menos autónomos.

- La madre también puede, y lo hace en muchas ocasiones, cubrir las carencias del padre ausente enseñando a los hijos a diferenciarse de ella.

- El hombre-padre colabora para separar al hijo de la madre, lo que le permite recorrer los caminos que le conducen fuera de la familia, y que le ayudan a manejarse bien en el mundo.

6

La alimentación y los afectos

El miedo a sentir

Los kilos de más se pueden convertir en una defensa para protegernos del miedo a los afectos o a los deseos que nos asusta reconocer. Ponen un muro de grasa entre las tensiones internas y el exterior. Actúan como un colchón entre los estímulos que empujan desde fuera hacia dentro y desde dentro hacia fuera.

Reconocer el deseo de ser independiente, o de ser infiel, o de abandonar a quien nos hace desdichados, no es fácil porque nos crea conflictos. Reconocer la desilusión de no ser como queremos, la culpa de ser envidiosos o el miedo a sentirnos abandonados conmociona nuestro ser. Negar deseos importantes trae consecuencias que en ocasiones afectan a nuestro cuerpo y por tanto al modo de sentirnos con nosotros mismos y con quienes nos rodean. Es imposible eliminar los deseos, pero se pueden atenuar, o disimular de distintos modos, por ejemplo, comiendo.

Lucía: la sombra de un padrastro

Lucía acudía a la nevera como una autómata, sin saber por qué, pero sin poder evitarlo. Sólo con abrir la puerta se tranquilizaba. La tenía siempre llena de comida, porque de ese modo se sentía protegida. ¿De qué tenía que protegerse?

Recordaba que su madre siempre decía que una nevera llena es un signo de bienestar y prosperidad en una casa. Aseguraba que cuando se tiene la nevera llena ya no hay que preocuparse por nada.

Lucía había despedido a su marido, que se iba de viaje por razones de trabajo, con una sonrisa en los labios, pero en su garganta había un nudo que evitaba nombrar lo que sentía. «No te vayas —pensaba sin atreverse a decirlo—, no te vayas, quédate.» Pero sólo ella escuchaba dentro de sí estas palabras. Al poco de que él saliera, ella se dirigió al supermercado y compró muchas cosas con las que llenó la nevera. Luego comenzó a comer. Ésa fue la primera vez que utilizó la comida para proteger su matrimonio y, sobre todo, para calmar la inquietud que le producía la separación a la que su marido la sometía cada cierto tiempo.

Le parecía absurdo que siendo una mujer mayor e independiente no le gustara quedarse sola, pero así era. Nunca se lo había dicho a él. Pensaba que con el tiempo llegaría a controlar lo que le pasaba, pero por ahora le era imposible. Con frecuencia hacía planes para cuando estuviera sola, pero después era incapaz de sacar adelante lo que había imaginado. El temor la invadía, una inquietud insoportable se apoderaba de ella. Ignoraba de dónde venía esta inquietud, pero había descubierto un modo de acallarla: comiendo y, desgraciadamente, engordando. Esta compulsión la condujo a un tratamiento en el que investigó sobre el síntoma; descubrió que la conectaba con su pasado.

Los sentimientos de Lucía estaban provocados por fantasías provenientes de una historia infantil traumática. Siempre que se quedaba sola, Lucía tenía fantasías sexuales y temía ser infiel a su marido.

La solución era comer y engordar para estar poco atractiva y no ser deseable. Si un hombre la miraba con deseo, Lucía se excitaba y no sabía si podría defenderse. Un deseo desconocido y que amenazaba con destruir la estabilidad de su matrimonio aparecía siempre que se quedaba sola.

Cuando Lucía tenía cuatro años su padre murió en un accidente de coche y su madre se volvió a casar cinco años después. Al llegar a la adolescencia, el padrastro de Lucía, un hombre atractivo y seductor, la tocaba demasiado, con una intencionalidad que ella nunca tuvo clara, pero que siempre asoció a una actitud inmoral.

Entonces Lucía comenzó a engordar, como si tratara de poner una barrera de grasa para que los acercamientos de su padrastro no la afectaran. Si estaba gorda, dejaría también de ser atractiva y el peligro de algún modo se alejaría.

Ella se sentía además muy culpable con su madre, por lo que, para complacerla, comía el doble de lo que ésta le ofrecía.

Las actitudes incestuosas de su padrastro vuelven a su cabeza cuando se queda sola, porque también ahora, como cuando era niña, se encuentra indefensa frente al deseo de cualquier hombre que la reclame. De hecho, su marido la protege de caer en esas situaciones.

Así pues, el miedo a sentir un deseo de infidelidad es la reedición de un trauma provocado por la actitud incestuosa de su padrastro. La libertad de estar sola la deja librada a su fantasía. La ansiedad que todos estos conflictos despiertan en su ánimo la llevan a comer, que es una forma de calmar la ansiedad provocada por el conflicto interno que padece.

Actitudes incestuosas

Los casos de personas que sufren problemas con la comida por haber vivido en un clima familiar insano son más frecuentes de lo que pudiera parecer.

Marie-France Hirigoyen, psicoanalista francesa experta en el tema del acoso, llama «incesto blando» a una atmósfera malsana, que destruye la individualidad del niño y que se construye a partir de «miradas equívocas, tocamientos fortuitos y alusiones sexuales en esas familias donde no hay barreras entre generaciones ni fronteras entre lo trivial y lo sexual». El psicoanalista P. D. Recamier se refiere a lo «incestual»: «Es un clima donde sopla el viento del incesto». La violencia perversa está pero no hay signos evidentes de ella. Se trata de una madre que le cuenta a su hija los problemas sexuales que tiene con su esposo, o de un padre que seduce a la amiga de su hija delante de ella, creando una complicidad malsana. «No se permite a los niños mantenerse en posición de niños, sino que se los integra como testigos de la vida sexual de los adultos», afirma Hirigoyen.

· Tras algunos síntomas relacionados con la comida se esconden las dificultades para organizar los deseos propios porque no se ha podido construir una subjetividad capaz de elaborar los deseos edípicos.

EL DOLOR PSÍQUICO

El dolor psíquico es, según J. D. Nasio, la ruptura del lazo que nos vincula con el ser o la cosa amados: una lesión del vínculo íntimo con el otro. A diferencia del dolor corporal, el dolor psíquico ya no se localiza en la carne sino en el vínculo entre aquel que ama y su objeto amado. La causa del dolor se sitúa más allá del cuerpo, en el espacio inmaterial de un todopoderoso lazo de amor. La pérdida de una persona amada se puede experimentar como si nos arrancaran algo del alma, como un grito mudo que sale de las entrañas. La pérdida de un ser amado requiere elaborar el duelo, durante cuyo proceso se pueden experimentar alteraciones en relación con la comida. La persona embargada por el dolor se niega a comer o, por el contrario, intenta llenar el vacío que siente en su interior ante la pérdida sufrida ingiriendo más de la cuenta, o algún producto que le gustaba a la persona que se ha perdido. Las características subjetivas de cada uno y su historia emocional determinarán el modo de alimentarse en momentos de duelo o de «digestión» de la pena.

La pena en el duelo

Cuando perdemos a alguien querido, necesitamos hacer un trabajo psicológico denominado «duelo». Se trata de un proceso que nos ayuda a soportar la pena de habernos quedado sin ese otro en el cual teníamos depositados nuestros afectos. En nuestro interior se establece una lucha interna al tener que adaptar los deseos a lo que la realidad nos impone. La energía emocional que habíamos depositado en esa persona vuelve al yo y lo inunda. Se necesita tiempo para ir desligando los afectos que ya no tienen destinatario. Esta invasión de emociones, y el trabajo psíquico consecuente, agotan las energías, lo que se puede traducir en una pérdida del apetito, como si hubiera que resolver lo que ocurre dentro antes de incorporar algo que venga de fuera.

El vínculo que hemos perdido está asociado a múltiples recuerdos de los que nos vamos separando poco a poco. La realización de este trabajo es una tarea lenta y desagradable. Por esta razón, muchas personas tratan de retardar la elaboración del duelo aferrándose a la ilusión de que la persona perdida volverá.

Otra manera de negar la pérdida es identificarse con la persona ausente. En este proceso se crea un objeto sustituto dentro de uno mismo. Se puede observar a veces que una persona que está de duelo empieza a parecerse en algún detalle a aquella que ha perdido. Otra forma de identificarse con el ausente es la falta de emoción. Comer algo que le gustaba a la persona que ha desaparecido, como veremos en el ejemplo que sigue, es una forma de negar la pérdida y el dolor que produce.

Lo que más complica el proceso de duelo es la ambivalencia afectiva. Se puede sentir rabia contra el difunto porque se murió, porque existían sentimientos ambivalentes previos a su muerte, o porque agotó las fuerzas de quien se hizo cargo de cuidarlo. Si en algún momento se deseó su muerte, el cuidador se culpará después por ello, lo que dará lugar a pensamientos autodestructivos. Todos los sentimientos agresivos dirigidos al otro pueden volverse contra el «yo» dando lugar a actitudes o pensamientos autodestructivos. Durante este trabajo de duelo, puede que nos queden pocos deseos de vivir y comer con cierta normalidad.

Si bien puede faltar el apetito, también puede aumentar. Hace años, cuando la capilla ardiente se montaba en los domicilios particulares, se preparaba comida para los que acudían al velatorio. Lo que simbolizaba la comida en esos momentos era el deseo de seguir viviendo. Este simbolismo está recogido en un refrán popular que dice «el muerto al hoyo y el vivo al bollo».

Olga: la historia de un desamparo

Olga andaba por la calle como una autómata. Estaba triste. De repente, sintió la necesidad de comer. Su cuerpo le pedía un sabor concreto que sin embargo no podía recordar ni nombrar. Entonces, como guiada por un radar interno, entró en un restaurante pequeño y acogedor, se sentó junto a una ventana y allí, viendo pasar a la gente, imaginó que todos iban hacia algún sitio; todos tenían razones para vivir; gente con quien estar. Ella se sintió sola. Acababa de despedirse de su lugar de trabajo, donde llevaba veinte años. Habían hecho una regulación tras la que ofrecieron algo que le pareció inaceptable, por lo que prefirió irse. Dos años antes, se había separado de su marido y su hijo le acababa de comunicar que tenía la intención de irse a vivir con su novia. Entonces, de forma misteriosa, le vino a la cabeza la palabra bacalao: ése era el sabor que buscaba y lo que le apetecía comer.

Cuando acabó el plato, sintiéndose mejor, tuvo un recuerdo que se remontaba al día de la muerte de su abuelo. Descubrió a su madre en la cocina, comiendo bacalao como una desesperada. La imagen le resultó desagradable. No entendía que, con el abuelo de cuerpo presente, ella se dedicara a comer a escondidas. El bacalao era el pescado favorito de su abuelo.

Olga no interpretó bien la actitud de su madre. Prefirió verla como una mujer poco sensible, es decir, fuerte y ajena al sufrimiento, en vez de reconocer en ese acto un intento de calmar el dolor que su madre sentía, un intento de llenarse con el sabor que más le gustaba a su padre, como si así retuviera algo suyo, como si se identificara con él; un acto para elaborar el duelo y aceptar su pérdida; un intento de llenar el vacío interno que le había dejado el muerto.

Olga no quiso ver el lado frágil de su madre. Sin embargo, aquello que no quiso reconocer entonces, y a lo que no puso las palabras adecuadas, aparece ahora en un acto que ella realiza justo cuando también se siente abandonada y teme deprimirse; justo cuando muere parte de su vida y tiene que comenzar a llenar de algún modo el vacío que siente.

La depresión

Los estados depresivos pueden alterar seriamente la relación con la comida. Las razones de este sufrimiento psíquico, fundamentalmente subjetivas e inconscientes, se traducen en un estado afectivo de intenso dolor que aparece marcado por sentimientos de frustración y fracaso. Aunque algunos sucesos externos pueden desencadenar la depresión, son los acontecimientos que ocurren en el psiquismo sus causantes.

Las ideas de un depresivo siempre son pesimistas. Puede considerar que no vale la pena como persona o que la vida carece de sentido, incluso puede sopesar la idea del suicidio. Son estos pensamientos los que lo conducen a la enorme tristeza que se adueña de él.

En ocasiones uno de los síntomas de la depresión es la falta de apetito. No se quiere comer porque, en alguna medida, no se quiere vivir.

La pérdida que no se soporta puede ser la de un ideal inalcanzable con relación al cual la persona se siente fracasada. La pérdida de prestancia en el cuerpo, a partir de determinada edad, puede ser el detonante de una pequeña depresión, sobre todo si la persona se niega a aceptar esos cambios, porque representan una pérdida de valor personal, y no tiene recursos para sentirse estimable.

La depresión se manifiesta, pues, cuando se producen dos acontecimientos psicológicos: el primero es un grave descenso de la autoestima; el segundo, la aparición de impulsos agresivos dirigidos contra uno mismo. Sentirse bien es el resultado de una percepción interna en la que la distancia entre cómo somos y cómo deseamos ser no es demasiado grande. Entonces nos encontramos a gusto y podemos disfrutar de la vida y de la comida. Sin embargo, cuando la depresión aparece, algo íntimo es atacado con una fuerza implacable y hace acto de presencia el autorreproche, mecanismo que provoca una verdadera intoxicación interna de descalificaciones personales. Frases como «soy una calamidad», «mi vida es un desastre», «nadie me quiere», etc., se repiten en la mente.

Pero si las ideas de fracaso, inferioridad o culpa por no alcanzar un ideal son capaces de producir depresión, es porque implican para la persona la renuncia a realizar un deseo con el que alcanzaría la paz consigo misma. Uno de los motivos que una persona puede utilizar para hacerse autorreproches continuos es intentar adelgazar y no conseguirlo. En algunas ocasiones hay personas que piensan que quieren adelgazar, pero enseguida sienten ganas de comer. Después de hacerlo sienten que no tienen fuerza de voluntad y que no podrán llegar a ser como quieren porque no tienen el cuerpo que desean, entonces se deprimen y se ponen tristes. La tristeza es la manifestación dolorosa de no ser como se quiere.

La instancia moral que funciona dentro del psiquismo se forma en parte con los ideales que propone la cultura en la que vivimos. Habrá que revisar los que esta sociedad propone porque algunos, como la delgadez exagerada y la insolidaridad, no son saludables, además de ser injustos. La OMS prevé que para 2020, si seguimos así, la depresión será la segunda enfermedad más común en el mundo. Las otras enfermedades que cobran cada día más importancia son la

obesidad, que ya alcanza a una gran parte de niños, y la anorexia, que sufren cada día más adolescentes.

LA RABIA

Un vómito puede ser la metáfora de un sentimiento de cólera reprimido que no se ha podido expresar.

Elvira: las llamadas insoportables

Durante años, Elvira llamó a su madre todos los días por
teléfono. Escuchaba pacientemente lo que le decía, le daba
la razón en todo y, cuando acababa de hablar, intentaba
contarle algo de sus cosas. Pero no era posible que su madre la escuchara, no podía hacerlo. Eso sí, si un día no la
llamaba, notaba que su madre se enfadaba, se sentía molesta
y se lo hacía saber de un modo u otro, por lo general transmitiendo la idea de que nadie se acordaba de ella.

Un día Elvira la llamó para decirle que estaba embarazada, a lo que su madre sólo fue capaz de responder:

—Hija, qué faena, ya verás cómo te va a aumentar el trabajo. Y ya verás los vómitos, con lo que tú has sido siempre
para eso.

Elvira sabía que su madre era posesiva y algo infantil,
pero nunca pensó que ante la noticia de su embarazo fuera a responder con una frase tan agresiva y con tal falta de
afecto. Al poco de esta conversación, Elvira tuvo ganas
de vomitar. Era lógico: su madre le había subrayado que las

embarazadas vomitan con frecuencia, sobre todo en los tres primeros meses.

Elvira vomitaba con facilidad, sobre todo cuando se ponía nerviosa. ¿Por qué no podía evitarlo?

Aquella noche tuvo un recuerdo. Su infancia había estado plagada de peleas y discusiones alrededor de lo que comía o dejaba de comer. Su madre la cogía a veces entre las piernas e intentaba abrirle la boca. Si no lo conseguía, le tapaba la nariz y cuando comenzaba a asfixiarse y abría la boca para respirar, le metía la comida, que duraba muy poco en su garganta, ya que el vómito era casi inmediato.

Es muy probable que este recuerdo infantil sea la clave de por qué Elvira vomita con tanta facilidad. Siente que su madre introduce ahora sus palabras en ella como en otros momentos le introducía la comida: forzándola. Entonces las rechazaba y vomitaba, como si lo que no podía expresarle se corporizara y saliera de su cuerpo para dejarla libre de ese forzamiento que vivía como insoportable y que le producía una rabia de la que también tenía que desprenderse.

Por extraño que parezca, Elvira siempre pensó que no tenía derecho a enfadarse con su madre. Cuando hablaban por teléfono, ésta le contaba todo lo que le ocurría, cómo se encontraba de sus enfermedades y todo lo que tenía que soportar de su padre, así como las riñas con sus amigas, etc. Su madre hablaba mucho y ella escuchaba pacientemente.

Los vómitos de Elvira eran un intento de expulsar de su cuerpo toda la rabia y la cólera que sentía cuando su madre hablaba, pero no la escuchaba. Elvira aprendió a no replicar a su madre, era más fácil seguirle la corriente, pero lo hacía a costa de sí misma, de tragarse la rabia que le provocaba su egoísmo y su desinterés por cualquier cosa que no la concerniera de manera directa. ¿Adónde iban todos esos sentimientos? Como no podía expresarlos, vomitaba algo de su cuerpo en un intento de librarse de la cólera reprimida. Después se sentía más libre. El vómito la hacía sentirse libre de pecado.

En estos momentos, debido al embarazo, toda la relación que ha tenido con su madre se reactualiza, porque tiene que construir un lugar materno. Entonces adopta la respuesta infantil y regresiva del vómito.

Mercedes: el efecto de un olvido

Mercedes no podía comprender por qué su hija la sacaba de quicio cuando se negaba a comer. Su furia se traducía en fantasías que la asustaban. Le pegaría, le gritaría, arrojaría el plato contra el suelo. ¿Por qué su hija se empeñaba en no comer justo lo que le daba ella? Intentaba ser una buena madre y, sin embargo, tenía esas fantasías terribles.

Mercedes no recordaba las dificultades que ella misma había tenido con la comida y tampoco el clima de violencia que se respiraba en su casa alrededor de la mesa, debido a las características de sus padres. Su madre discutía con ella y la regañaba porque no comía bastante y su padre daba puñetazos sobre la mesa cuando se cansaba de oír las discusiones entre su madre y ella. En alguna ocasión, aunque no llegó a pegarle, la amenazó. Mercedes, cuando se llegaba a este punto, comía por miedo. Veía a su padre muy fuerte e imaginaba el daño que podría hacerle. Era un hombre colérico que no controlaba bien su agresividad y se exaltaba con frecuencia. Lo que ella se ocultaba a sí misma era que tras esa violencia se escondía la incapacidad paterna de educarla y acompañarla en su crecimiento. Además, a ello se añadía cierta incompetencia materna para alimentarla. No cabe duda de que sus padres tuvieron problemas para educarla.

Mercedes olvidó esos sucesos infantiles porque no podía aceptar a unos padres con dificultades y debilidades. Pero era precisamente aquello que no aceptaba de ellos lo que actuaba en ella, es decir, el miedo a no saber educar a su hija. En lugar de reconocer ese miedo para elaborarlo, se irritaba con su hija del mismo modo que hacían sus padres con ella. Pese a sus intentos conscientes de ser una buena madre, diferente de la suya, se veía impelida internamente a actuar como actuaron con ella. Algo desde dentro se le imponía y le hacía sentirse a punto de explotar.

Después de una psicoterapia donde pudo enlazar sus dificultades actuales con sus vivencias infantiles, Mercedes dejó de tener esos accesos de furia contra su hija.

Escuela de sentimientos

La impronta que nuestra familia deja en nosotros es determinante para manejar los impulsos agresivos. Como esa impronta es en gran medida inconsciente, no solemos tener noticias de ella hasta que la vida nos pone en situaciones en las que repetimos modelos afectivos de relación aprendidos en nuestra infancia. Con frecuencia, tomamos conciencia de ello cuando formamos pareja o tenemos hijos, pues es sobre todo en esas relaciones en las que vamos a repetir lo que aprendimos.

La rabia es difícil de dominar, a veces es ella la que nos domina. Con frecuencia, es una expresión bajo la que se ocultan estados afectivos dolorosos, tales como el sentimiento de impotencia, una fuerte inseguridad personal o una dependencia excesiva de la persona contra la que se dirige. También puede ser la respuesta a una agresión: en tal caso funciona como un sentimiento protector porque con ella evitamos que nos hagan más daño. Expresar la rabia es un modo de dominar lo que nos ocurre.

Expresar la rabia puede ser saludable cuando se ha podido canalizar de forma adecuada y oportuna. Es el sentimiento que con mayor frecuencia lleva a la agresión. Hay que reconocerla y escucharla. Después, lo importante es lo que hagamos con ella y cómo seamos capaces de organizarla y canalizarla. Una forma de expulsarla del cuerpo, cuando no se ha podido simbolizar, es vomitando. Lo que no se elabora psicológicamente se puede somatizar. Algunos aspectos que aumentan este sentimiento son:

- Concederle a alguien una ascendencia excesiva sobre nosotros, lo que nos hace depender demasiado de él o ella. La dependencia siempre provoca agresividad y rabia por la sumisión a la que se está sometido.
- Identificación con algunas personas que han sido violentas e irascibles con nosotros, fundamentalmente padres o hermanos.
- La legitimación social de algunas actitudes violentas

o coléricas, como el machismo o el sexismo, no ayudan a controlar este sentimiento.

– Reprimir la rabia es una forma de controlarla, pero no la adecuada, porque la represión hace que se transforme en algo dañino. Las mujeres suelen reprimirla más, lo que las conduce a adoptar actitudes masoquistas. Otro efecto que provoca la acumulación de la rabia son las ganas incontrolables de comer y los cambios de humor que con frecuencia se les atribuye a las mujeres como seres incomprensibles.

LA DESILUSIÓN

Cuando la imagen que nos devuelve el espejo no nos gusta, nos ponemos a dieta. Tratamos así de aliviar la desilusión de no ser como queremos organizando un tipo de alimentación que compense otros desórdenes internos.

La lucha con la dieta puede ser un intento de mantener las formas femeninas. Se comienza para sentirse mejor como mujer, para gustarse más, para gustar más. Pero cuando se alcanza el peso adecuado y la consecuente satisfacción, y al comprobar que tampoco eso nos hace completamente felices, volvemos a engordar, lo que nos lleva de nuevo a la dieta, creando círculos viciosos de satisfacciones momentáneas y estados de culpa.

Las dietas se pueden convertir en un verdadero castigo, sobre todo cuando se hacen de tal forma que el sufrimiento es más alto que el placer. Queremos ser mucho mejores de lo que somos y con frecuencia nuestra intolerancia hacia esos kilos de más esconde nuestra intransigencia a aceptarnos con defectos, con fallos, como seres humanos, en definitiva.

Los regímenes ultrarrápidos son una tortura para una mujer que en lugar de saborear lo que ha conquistado tiene que culparse de lo que no ha conseguido. El peso de esa desilusión nos habla en cierta medida de la imposibilidad de disfrutar de lo que vamos consiguiendo y de cómo vamos siendo.

¿Pensar continuamente en la dieta es una forma de obviar otros conflictos que no podemos enfrentar? ¿Intentar controlar en exceso la alimentación es en alguna medida un intento de compensar la falta de control que sentimos en otros aspectos de la vida?

La dieta puede ser un intento de perseguir la ilusión no sólo de cambiar el cuerpo, sino de llegar a ser otro diferente. La desilusión vendrá cuando, aunque nos sintamos mejor, no podamos cambiar algunos aspectos nuestros que rechazamos y que tienen más que ver con nuestro mundo interno, con nuestro cuerpo psíquico. No llegar a ser como queremos ni a tener lo que deseamos puede crearnos desilusión. Alcanzar el acuerdo de aceptarnos con nuestras limitaciones y nuestras posibilidades es la mejor manera de empezar una dieta.

Sandra: la dieta como camisa de fuerza

A Sandra le sobraban unos kilos, pero le faltaba, sobre todo, quererse un poco más. Lo primero lo sabía; lo segundo, lo sospechaba, pues era frecuente que al mirarse al espejo sintiera una cierta desilusión por lo que veía. Nunca se gustaba.

La báscula era su enemiga y la dieta parecía su camisa de fuerza. Siempre pendiente de ambas. Sandra sospechaba que prefería pelearse con sus kilos que con sus emociones. Había engordado un poco durante la última semana y se sentía culpable de los excesos realizados. Ahora llegaba la primavera y tenía que hacer una dieta drástica para adelgazar hasta que le cupieran unos pantalones cuya talla coincidía con lo que ella consideraba su peso ideal. Tenía que conseguir meterse en la talla 40 dentro de un mes. Además, su íntima amiga se casaba en mayo y quería llegar al día de la boda delgada y guapa.

Cuando se encontraba bien consigo misma, podía mantener el régimen, pero cuando su ansiedad subía, sólo se calmaba con comida, fundamentalmente con dulces. En los últimos días había acompañado a su amiga en algunos de los preparativos de la boda imaginando que también ella, aunque no había tenido suerte en sus relaciones, se casaría algún día. Sandra tenía miedo a estar sola, tenía miedo a pertenecerse a sí misma, porque eso representaba internamente separarse de una madre cuyo contacto con lo afectivo consistía en su interés porque su hija estuviera bien alimentada. Le preparaba buenas comidas e insistía en que comiese.

Quería ser diferente de su madre, y aparentemente lo era, pero por debajo de las apariencias las cosas no estaban tan claras. Sandra, igual que su madre, traducía todo lo que le ocurría en la vida en problemas con la comida.

Cuando era pequeña, lo único que le preguntaba su madre al volver del colegio era si había comido bien. Siempre le parecía que pesaba poco y hasta sus estados de ánimo los relacionaba con la comida, de modo que si la veía triste pensaba que era porque tenía hambre y, si se ponía enferma, lo atribuía a que algo le había sentado mal.

Sin embargo, jamás le había preguntado por sus deseos, por sus ambiciones, por sus proyectos, por sus amores, ni por nada, en general, que pudiera pertenecerle a ella sola y no a la relación con las dos. En otras palabras, jamás se había interesado por todo aquello que pudiera hacerla independiente. En cuanto a su padre, que era un hombre dulce, pero ineficaz para apoyarla, tampoco le había servido de gran ayuda. Siempre pensó que lo había desilusionado. Se trataba de un hombre cariñoso, pero débil, que curiosamente sólo era capaz de mostrarle su afecto comprándole caramelos.

Cuando su tensión emocional aumenta, Sandra se refugia en la comida como una niña que reclama al padre y come, como quiere su madre. Ésta creía que podía dar todo a su hija a través de la comida y Sandra, por su parte, cree que la madre lo tiene todo. Sin embargo, hay algo que la madre no le dio, quizá el afecto que le daba el padre. La madre le cubría la necesidad biológica pero no la psicológica. Ella busca en la dieta el ideal de perfección que no existe. Y busca poner un orden en la relación con su madre. La madre le dice a todo que sí, la dieta le dice a todo que no. La dieta intenta separarla de la madre, pero es vivida de una forma sádica. Sólo después de una psicoterapia que la ayudó a ver lo que su lucha con la dieta representaba, llegó a transformar la relación que mantenía con sus primeros objetos de amor, se pudo separar internamente de la confusión que mantenía con su madre y fue capaz de reorganizar su mundo interno para pasar a ser ella la que organizara su vida y sus afectos y no un régimen impuesto.

La búsqueda de la perfección

¿Por qué las mujeres estamos más pendientes de la dieta que los hombres?

La sensibilidad de las mujeres para detectar los kilos de más pone al descubierto la obsesión de que siempre nos falta algo para alcanzar una imagen perfecta. Las mujeres caemos una y otra vez en regímenes que nos hacen sufrir porque tenemos que pagar el precio de nuestra imperfección. Y la lucha por alcanzar una imagen imposible nos enfrenta casi de continuo a una desilusión, porque no llegamos a ser como queremos.

De hecho, no es raro que una vez alcanzado el peso adecuado, un impulso incontrolado nos empuje a comer más, como si desde dentro, y sin darnos cuenta, nos empujaran a volver a tener una imagen que no nos gusta, o a castigarnos por no alcanzar la que perseguíamos.

La exigencia de alcanzar una imagen «perfecta» nos empuja a estar encorsetadas permanentemente dentro de un régimen que no vivimos como algo bueno, sino como algo que nos tortura, un régimen dictatorial que nos quita el placer de ser mujer. Esta tortura sólo se puede soportar desde la idea de que por no alcanzar una imagen «perfecta» no vamos a ser amadas; por ello preferimos sufrir. Eso sí, transgredimos la dieta continuamente porque trata de reglamentar algo que no está claro en nuestro interior.

¿Por qué la sociedad transmite un modelo de mujer cada vez más delgado y menos femenino?

Someterse a un régimen constituye una forma de intentar dominar nuestras pulsiones, pero someter al sexo femenino a una imagen cada vez más escuálida es una manera de someter sus ansias de libertad, y la libertad sólo es posible si se puede disfrutar de la vida y no si se tiene que estar pensando todo el rato qué se puede y qué no se puede comer. Quizá a la sociedad del siglo XXI le parecen excesivos los cambios que propone la mujer y pretende encorsetarla en las dietas.

¿Preferimos prestar más atención a nuestro cuerpo que a nuestros deseos?

¿Por qué muchas veces preferimos fijarnos más en nuestro cuerpo que en las dificultades que tenemos para amar y ser amadas? Quizá porque es más fácil controlar las calorías de los alimentos que la temperatura de nuestros afectos.

El espejo interno

El cuerpo que exponemos a la mirada de los otros está mediatizado por una mirada interna de la que a veces no tenemos conciencia. En muchas ocasiones no coincide lo que nos dicen de nosotras con lo que vemos.

Todas tenemos un espejo interno que proviene de cómo nos miraron nuestros padres o los adultos de los que dependimos, y de las fantasías que nos hicimos en función de los modelos femeninos de la época.

Este espejo puede cambiar la imagen que proyecta a

medida que nosotras vayamos encontrando un equilibrio entre cómo somos y cómo queremos ser. Sólo conociéndonos y estimándonos podremos llegar a tener con nosotras una intimidad que nos hará comprometernos con nuestros cambios vitales y corporales. Entonces, tendremos una imagen de nuestro cuerpo que no nos cree conflictos.

La culpa

Todos, en alguna ocasión, nos reprochamos acciones u omisiones. «¿Por qué contesté de esta forma? ¿Por qué he comido tanto? ¿Por qué no tuve más fuerza de voluntad? ¿Por qué no le habré dicho lo que pensaba?» Lo que peor nos sienta es no haber sido capaces de expresar lo que deseábamos. Nos sentimos culpables, en definitiva, de no haber actuado según nuestro criterio, quizá también de no haber estado a la altura de las circunstancias, o de haber parecido mezquinos o crueles. En esos momentos la culpa altera el equilibrio emocional necesario para sentirnos bien y nuestra autoestima cae en picado como una forma de castigo que nos infligimos.

El sentimiento de culpa es patológico cuando nos martiriza sin descanso. En su justa medida, sin embargo, responde a un saludable mecanismo psicológico que nos hace responsables, que no culpables, de nuestras acciones. ¿Cuál es su origen y su función? ¿Por qué algunas personas se sienten culpables más allá de lo razonable? ¿Cómo nos liberamos del sentimiento de culpa?

Su origen se encuentra en los primeros años de nuestra

vida y procede de los que nos rodean. Los padres ejercen una presión educativa y los pequeños responden a ella porque tienen miedo a perder el amor de sus progenitores. Más tarde, estas normas son incorporadas a una instancia propia desde la que nos amenazan si no cumplimos con el sistema de valores que hemos aceptado como propio.

La función que tiene el sentimiento de culpa, cuando actúa de forma razonable, es la de proteger el progreso y la cultura. Por eso se encuentra en la base de la moralidad del ser humano. Si no funcionara en absoluto, el hombre se dejaría llevar por sus impulsos primarios. Según Freud, el hombre intenta satisfacer sus impulsos reduciendo al mínimo el sentimiento de culpa. Con tal de evitar ese malestar interior, nos sometemos a normas morales y dominamos los impulsos agresivos que harían imposible la vida social. Para el creador del psicoanálisis «el hombre no sólo es más inmoral de lo que cree, sino también mucho más moral de lo que supone».

Cuando nos sentimos mal por haber hecho algo que consideramos improcedente, y luego tenemos la posibilidad de repararlo, nos embarga un alivio cuya causa no es otra que la desaparición de la culpa. Ahora bien, hay personas que dan la impresión de no poder vivir sin sentirse culpables, de manera que le dan mil vueltas a todo o exageran cualquier cosa que hacen para estar en permanente desacuerdo consigo mismas.

Este sentimiento es dañino. Pero ¿por qué ocurre? ¿Por qué hay gente que no puede vivir sin autorreproches y recriminaciones constantes? Este malestar con uno mismo se debe a que parte del sentimiento de culpa del que estamos hablando es inconsciente y, en los casos patológicos, se alimenta de cualquier motivo, por pequeño que sea, para martirizar al Yo.

Una educación excesivamente rígida, basada en amenazas continuas, o una educación demasiado permisiva, en la que los límites no estén claros, alimenta de forma irracional este sentimiento, que también se da en su forma patológica cuando las relaciones entre padres e hijos están basadas en el chantaje afectivo. La inquietud que produce el sentimiento de culpa puede ser aplacada con la comida. En una actitud regresiva la persona contrarresta su malestar con la satisfacción que le produce comer.

Eloísa: la culpa de ser abandonada

Cuando llegaba el mes de julio, a pesar del calor, Eloísa engordaba varios kilos. Al poco de irse su hijo al campamento de verano, se sorprendía comiendo a la hora en que le preparaba la merienda y teniendo más hambre de lo habitual.

Eloísa come porque añora a su hijo, que desde hace unos años se va a un campamento durante el mes de julio.

Y se siente culpable ante la separación. Por un lado cree que le viene bien, pero por otro piensa que en alguna medida se puede sentir solo y un poco abandonado. Eloísa pone en su hijo el sentimiento que ella revive de su propia infancia.

Cuando era pequeña, su madre enfermó al poco de que ella naciera, lo que provocó una separación entre madre e hija. La enviaron con una tía hasta que su madre mejorara. De esa separación prematura, de la que Eloísa fue víctima, siempre se sintió, sin embargo, culpable, ya que su fantasía infantil dio la vuelta a la historia para soportar una realidad afectiva insufrible para una niña.

Nunca entendió por qué ella, siendo tan pequeña, tuvo que irse con una tía, mientras sus hermanos mayores se quedaban junto a su madre. Las razones conscientes y prácticas que su madre le había explicado eran que una niña pequeña da más trabajo que unos chicos mayores, pero a Eloísa, desde que había sido madre, le costaba trabajo entender que su progenitora la hubiera alejado de sí sin intentar arreglar las cosas para que fuera la pequeña, precisamente, la que se quedara junto a ella. Guardaba dentro de sí la idea de que su madre la rechazaba por haber sido chica, pues siempre se había llevado mejor con sus hijos.

Reprimió los sentimientos agresivos que la separación le produjo dirigiéndolos contra sí misma. Cuando era pequeña, comía mal, lo que era una forma de intentar reclamar otra alimentación que no le llegaba: la alimentación afectiva.

Ahora, cuando su hijo se va de campamento, revive aquella situación infantil y, para calmar su culpa, come en un intento de identificarse con él y negar así la separación que se produce entre ellos, que evoca la que padeció ella de su madre.

Cuando llega agosto, Eloísa intenta tener cuidado para no engordar más, y en septiembre siempre se pone a dieta. En los últimos años, lo que adelgaza durante todo el año lo engorda en el mes de julio. La culpa que siente con el hijo es porque ella se sintió abandonada por su madre y piensa que a su hijo le va a pasar igual, sin tener en cuenta las diferentes condiciones en que vive su hijo con ella.

Con frecuencia, las madres reviven en la relación con sus hijos algunos conflictos inconscientes que no han sido del todo resueltos. La madre, al colocarse en ese lugar respecto al hijo, revive su experiencia y tiene la oportunidad de cambiarla, pero también puede suceder que se repitan algunos afectos que no pudieron ser bien organizados.

David: la dificultad de ser hombre

Había engordado demasiado y parecía mayor de lo que era. Con 32 años, David no se sentía a gusto con su cuerpo. Para él era inevitable comer compulsivamente cuando se encontraba solo. David, al igual que toda su familia, tenía una forma voraz de comer. Con algunos problemas para mantener una relación amorosa con las chicas, achacaba a su cuerpo el rechazo que él pensaba que producía en ellas. Después de su última ruptura decidió acudir a una psicoterapia para averiguar por qué su relación con las mujeres no podía pasar de la amistad. Era el amigo de todas, pero el amante de ninguna.

En la psicoterapia descubrió que se sentía inconscientemente culpable de la separación de sus padres, lo que le impedía identificarse con un hombre y sostener una posición viril.

Cuando tenía cuatro años, sus padres se divorciaron no sin atravesar un período de grandes tensiones. David llegó a desear que su padre desapareciera. A pesar de quererlo, sintió un alivio enorme cuando se fue de casa. Le encantaba quedarse solo con su madre y con su abuela, a la que su padre culpaba de su separación.

David se quedó en la casa con ambas mujeres e interiorizó inconscientemente que él, de alguna forma, había echado de casa a su padre, ocupando su lugar. Cada vez que David sentía algún tipo de ansiedad, se ponía a comer, por lo que tenía una pequeña barriga que le hacía parecer mayor de lo que era. No podía soportarlo, siempre que se encontraba así se sentía inseguro y triste. Entonces trataba de ponerse a dieta, pues pensaba que era su cuerpo el que lo alejaba de las chicas. Sin embargo, David engordaba porque, identificado más con las mujeres, redondeaba su cuerpo al estilo femenino, anulando sus rasgos viriles por las dificultades que tenía para identificarse con un hombre. Así pagaba la culpa de haber «echado» a su padre de casa. No podía ser como él porque se había alineado más del lado de las mujeres. Engordaba para defenderse de acercarse a las chicas y ser un hombre con una mujer. Desea estar con las chicas, pero no puede, porque siente que traiciona a la abuela y a la madre.

Por otro lado, tampoco le era fácil identificarse con un hombre, que, según confesaba él mismo, había sido echado de su casa por la abuela, que decía de él que «no servía para nada». Su padre no pudo luchar ni como padre ni como hombre por defender su lugar. La madre, que tampoco luchó por su pareja y se quedó al lado de su madre, puso al hijo en el lugar del padre ausente, maniobra psicológica que provoca síntomas para tapar la culpa que un hijo siente al ser colocado en un lugar ilegítimo.

Cuando David, en el proceso psicoterapéutico, pudo

conocer estos movimientos inconscientes que gobernaban su vida, comenzó a dejar de comer de forma compulsiva.

Un látigo interno

La culpa puede llegar a funcionar como un verdadero látigo que desde nuestro interior nos hace la vida insoportable. Cuando el equilibrio psicológico es precario, se suele proyectar sobre los otros. La relación de pareja es un campo abonado para la aparición de este mecanismo psicológico que consiste en acusar a otro de lo que le pasa a uno.

LA ENVIDIA

La envidia es un sentimiento que nos avergüenza y que nos cuesta reconocer. Proviene del deseo de poseer las virtudes que atribuimos a otro. El problema es cuando ese deseo incluye el de la desaparición de ese otro, de quien envidiamos lo que tiene, pero no los esfuerzos que tuvo que llevar a cabo para conseguirlo.

La envidia intenta quitarle al otro lo que tiene y es agresiva. El envidioso idealiza a quien envidia y, en el afán de alcanzar lo idealizado, se queda empobrecido. Desea lo que tiene el otro y, consiga lo que consiga, siempre será mejor lo que ese otro tiene.

El envidioso no se conoce, no está en contacto con sus deseos y se autoengaña porque no quiere saber nada de su mundo interno. Se ignora a sí mismo y paga el precio de esa ignorancia con una insatisfacción constante. El envidioso no sabe querer, odia que el otro tenga lo que tiene y su mundo interno está lleno de ese veneno que lo empobrece.

Dulce: una amiga envidiable

«¿Qué tiene Dulce que no tenga yo?», se preguntaba Rosa, haciendo así consciente la envidia que sentía por su amiga. Después se puso a llorar. Cada día se encontraba peor junto a ella. Habían estado las dos en una fiesta y lo había pasado fatal. Cuanto más se divertía Dulce, que estaba radiante con su nuevo corte de pelo y su impecable traje, más extraña se sentía ella. Le parecía que el vestido le quedaba mal, que estaba fea. Acabó en un rincón, comiendo unos pequeños pasteles muy dulces que entraban sin darse cuenta. Cuando llevaba ocho, comenzó a sentir una bola en el estómago y ganas de vomitar.

En el baño tuvo la impresión de haber vivido antes esa misma situación. Evocó entonces una remota escena infantil en la que estaban implicadas ella y su hermana mayor, hacia quien había sentido siempre una rivalidad muy fuerte y con la que tenía una curiosa alianza en lo que se relacionaba con la comida: Rosa se comía, sin que su madre se diera cuenta, lo que su hermana no quería. De ese modo, adquiría fantásticamente las virtudes de aquella a quien envidiaba. Su hermana pequeña era delgada y muy graciosa, simpática y mucho más tierna y dulce que ella; decían que se parecía más a su madre. Siempre creyó que sus padres la querían más que a ella. Ahora, de mayor, había reproducido aquel sentimiento de envidia en la relación con su amiga Dulce. Le pareció curioso que se estuviera hinchando a *pasteles tan dulces*, ya que Dulce era el nombre de su amiga así como el carácter de su hermana, como si quisiera incorporar dentro de sí todo lo relacionado con ella. Pero esa forma de asimilarla constituía también un intento de destruirla. Rosa resuelve su ataque de envidia comiendo.

Comprendió lo que le ocurría después de realizar una psicoterapia donde al principio, más que escuchar las palabras de su psicoterapeuta, se las tragaba como en otra época se había tragado la comida que le arrebataba a su hermana, pero que provenía de su madre. Parecía que escuchaba, pero siempre se olvidaba de lo que le decía en un intento de destruir lo que su psicoterapeuta tenía para darle, al igual que rechazaba lo que su madre le daba. Sólo tenía valor lo que le daba su hermana. Rosa trataba las palabras como si fueran alimentos, se las tragaba y las trituraba. Cuando las palabras de su psicoterapeuta pudieron tener otro valor y comenzó a aceptar y entender lo que le decía, pudo empezar también a relacionarse con el alimento de otra manera. Tanto su ansiedad como su voracidad fueron diluyéndose mientras reconstruía su historia.

La nostalgia

Se produce cuando se reconoce la pérdida de algo que se tuvo.

Marta: un sueño muy dulce

Marta se despertó a medias. Las imágenes del sueño que acababa de tener la mantenían atrapada. Tomó un cuaderno de la mesilla de noche y anotó: «Estoy en la cocina de mi casa, quiero preparar una tarta de cumpleaños, pero cuando me propongo comenzarla me doy cuenta de que se me han olvidado los ingredientes. Decido preguntar a mi hermana. Ella los conoce, pero no me los quiere decir».

Más tarde, cuando tiene un rato libre, intenta encontrar el sentido de su sueño. Sabe cómo buscar ese sentido porque durante un tiempo acudió a un tratamiento psicoanalítico y aprendió a bucear en su mundo onírico. Desde entonces apunta los sueños para analizarlos: el método consiste en asociar libremente todas las ideas que le vengan a la cabeza a partir de cada uno de los elementos del sueño. Al principio, cuando su psicoanalista le preguntaba qué pensaba acerca de las imágenes del sueño, no se le ocurría nada, pero enseguida empezó a decir lo primero que se le venía a la cabeza y a asociar los materiales resultantes. Después de un tiempo de conexiones entre una idea y otra, venía la interpretación que su analista le devolvía. Entonces, algo se organizaba dentro de sí misma. Aquella mujer le enseñó a escucharse y escuchar de otra manera, le dio las herramientas para llegar a una mayor y mejor comprensión de sí misma. De este modo, accedió a un saber sobre cómo funcionaba su psiquismo, un saber que le permitía analizar, hasta cierto punto, qué mensaje le enviaban sus sueños. Comenzó, pues, a asociar a partir de las ideas apuntadas en el cuaderno.

«Estoy en la cocina de mi casa»: La cocina es un lugar donde he sido feliz. En la de la casa de mis padres, mi hermana y yo cocinábamos. Era también un lugar de encuentro. Cuando venían nuestros novios, nos reuníamos allí, en vez de en el salón. Mi novio, ahora mi marido, era entonces muy cariñoso. Una vez, en la cocina, tuve relaciones con él. Me decía que yo estaba más deliciosa que las tartas que hacía.

«Preparar una tarta»: Sé hacer tartas y me salen muy bien. Prefiero comer las que yo hago. Las tartas me recuerdan las fiestas. En una fiesta conocí a mi marido; antes era distinto, ahora me parece que no le gusto. La menopausia está cambiando mi cuerpo y me da la impresión de que le desagrado físicamente.

«Olvidarme de los ingredientes»: Me parece lo más extraño del sueño. Vuelvo a pensar en mi marido, creo que se ha olvidado de besarme como antes. Ya no sé cuáles son los ingredientes de la felicidad. Ayer vi una película que se titulaba *Deliciosa Marta* (resto diurno que provoca el sueño), en la que la protagonista sabe hacer recetas fantásticas, pero tiene dificultades en el amor.

«Preguntar a mi hermana, que no me lo quiere decir»: A ella parece que le funciona bien su relación; es mayor que yo y ya ha pasado por este período, pero es una egoísta que no quiere recordarme la receta. Siempre le tuve envidia.

El sentido del sueño queda relativamente claro cuando vuelve a releer las asociaciones que ha hecho. Lo que Marta busca son los ingredientes de una felicidad en su matrimonio que cree perdida. Se siente descontenta con sus actuales relaciones, pero no lo dice. El sueño le habla de un deseo de consultar con alguien la forma de mejorarlas. Las alteraciones normales que se producen en la menopausia le hacen verse poco deseable y se aleja de su marido porque no se ve atractiva. Supone que otra mujer, su hermana, tiene la receta adecuada.

Los sueños: un alimento interno

Los sueños son los encargados de hablarnos de todos aquellos deseos que guardamos, de sentimientos y emociones que con frecuencia censuramos. Su análisis nos conduce a averiguar quiénes somos y qué queremos.

En 1900, Sigmund Freud publicó *La interpretación de los sueños*, obra que influyó definitivamente en la comprensión de las imágenes oníricas. Un siglo después nadie se atrevería a decir que los sueños no tienen sentido. Marta desea volver a ser deseable.

Los sueños son la expresión de nuestro inconsciente, y el inconsciente es el lugar donde reside la fuerza de nuestro ser, donde habita nuestra vida instintiva y emocional, que nos envía mensajes a través de las imágenes oníricas. Los estímulos que intervienen para que se organice un sueño pueden ser internos o externos. Estos últimos provienen de fuera: por ejemplo, un ruido, como el sonido del despertador, que queda incorporado al sueño para de esta forma seguir soñando y no despertar.

Los estímulos internos pueden provenir del cuerpo. Si, por ejemplo, duele un poco el estómago, se puede soñar con tener algo muy pesado en el regazo, lo que es una manera de representar al órgano que envía la excitación. Junto a éstos, también hay todo tipo de estímulos subjetivos que actúan en nuestra vida. Ahora bien, sea cual fuere el origen del sueño, se trata de un acto psíquico, nunca somático.

Los sueños desempeñan una función importante si estamos atentos a ellos, pues nos avisan de lo que queremos y nos previenen para el futuro. Todos sus mensajes nos intentan proteger y descargar de alguna tensión interna que no ha encontrado otra vía de expresión.

Los sueños son los mensajeros de nuestros deseos y nos conviene escucharlos. Son una manifestación que nos define como humanos. Soñar es vivir, porque soñar es desear. Los deseos son los ingredientes psicológicos que se cocinan en los sueños y alimentan nuestra vida.

La rivalidad

Un cuidado excesivo y una preocupación desmedida por el régimen de tu pareja puede influir para que ésta no consiga su objetivo. Tanto desvelo por que el otro cumpla lo que tú quieres puede esconder una rivalidad latente, un intento de controlarlo y de dominarlo.

Un hombre que se preocupa mucho por la dieta de su mujer puede, aunque lo disfrace de un acto de amor, estar controlando el cuerpo de ésta como si fuera un objeto para mostrar, como si fuera «algo» suyo de lo que quiere presumir ante los otros.

Se rivaliza para ganar al otro en algo que se supone que posee y nosotros deseamos. Se rivaliza para ocultar una identidad frágil y también porque detestamos al otro en la misma medida en la que dependemos de él.

Cuando la rivalidad es demasiado grande, puede conducir a un desgaste peligroso de la relación, porque el cónyuge se convierte en alguien que no está allí para acompañar, sino para atacar; no está allí para escuchar, sino para competir. Los kilos de más pueden ser un modo de enfrentarse a la pareja, de no querer ser deseada, de sentirse invadida por el deseo del otro, porque no se puede reconocer el propio.

El combate aparece cuando uno de los miembros de la pareja intenta escapar al dominio del otro. No es suficiente que dos personas se amen para que entre las dos se establezca la armonía; además de eso, ambas tienen que estar dispuestas a cambiar en aquello que perjudica al otro.

Sergio y Raquel: desear por el otro

Raquel tenía serias dificultades por sacar su dieta adelante y conseguir la figura que quería. Tenía cierta propensión a engordar y a pesar de que Sergio intentaba ayudarla para que adelgazara, ella no lo conseguía.

Sergio le compraba comida de dieta, le buscó un médico para que la pusiera a régimen… Aparentemente era un marido encantador. Pero Raquel no conseguía sentirse bien ni con su cuerpo ni consigo misma. Cuando adelgazaba un poco, se saltaba el régimen y después se sentía mal. La dedicación que Sergio le mostraba la irritaba a veces y encima se sentía mal porque pensaba que era una desagradecida.

Pero lo cierto es que cada vez que él la miraba cuando comía más de la cuenta ella percibía cierta censura y esto le molestaba mucho, porque era una forma de mostrarle su falta de voluntad. Se sentía recriminada por él y entonces se odiaba a sí misma y lo odiaba a él.

¿Cómo era posible que tuviera tan poca voluntad para adelgazar pese a la ayuda de su marido? Precisamente, ese interés de Sergio era contra lo que ella luchaba, porque él la quería delgada para mostrarla a los demás como un objeto de su propiedad del que se sentía orgulloso. Ella, acostumbrada a responder al deseo de él, se vaciaba del deseo propio, pero a la vez se resistía a ser sólo el objeto de su marido y se condenaba a sí misma a vulnerar la dieta. En alguna medida, no vivía su deseo de adelgazar como si fuera un bien para ella, sino como un trofeo para él.

Sergio, por su parte, no se lo pone fácil. La independencia de Raquel le produce temor. No puede apoyarla allí donde ella se sentiría bien como sujeto independiente.

Raquel decide hacer una psicoterapia porque llega a sentirse muy deprimida. Sergio no está del todo de acuerdo con esa decisión.

En la psicoterapia, Raquel descubrió las graves dificultades que tenía para hacerse cargo de su deseo de adelgazar. Se dio cuenta de cómo la relación con su marido había derivado en repetir en alguna medida la relación que tenía con su madre, una mujer ansiosa que ocultaba la dependencia que tenía de su hija ocupándose de ella de forma exagerada.

Se sentía infantilizada y demasiado protegida por su marido como lo había sido por su madre. Pero ¿por qué permanecía en ese lugar? ¿Por qué no podía cuidar su cuerpo como si le perteneciera y sentir que adelgazaba para ella y no sólo para él? Porque pensaba que éste quería exhibir una modelo y no quería cumplir para él lo que no podía tener para ella.

Raquel podrá realizar el régimen y tener otro tipo de relación consigo misma y con su cuerpo cuando asuma su deseo y salga de la posición demandante e infantil que tiene respecto a su marido.

EL SENTIMIENTO DE ABANDONO

Según John Bolwby, para la salud mental del bebé es esencial que éste pueda experimentar una relación cálida, íntima y continuada con la madre (o sustituto materno permanente) en la que ambos hallen satisfacción. Muchos casos de neurosis y trastornos de la personalidad pueden atribuirse a la carencia de cuidados maternos o a interrupciones en la relación del niño con la figura materna. El abandono puede ser material, pero también se puede tratar de un abandono afectivo: este último se da en los casos en que la madre tiene dificultades para sostener a su hijo en un clima amoroso saludable. No puede hacer la labor de maternaje y no lo sostiene como un hijo, sino que lo quiere ver mayor para así no criarlo. En realidad, lo trata como un adulto porque no se puede hacer cargo de la inmadurez infantil.

Julia: la niña mujer

«Me siento abandonada con demasiada frecuencia», pensaba Julia, mientras comía sin parar delante de la televisión. En ese momento daban la noticia de que en España había un aumento alarmante de la obesidad infantil y recomendaban a las madres vigilar la alimentación de sus hijos. Todas las recomendaciones que hacían siempre eran mecánicas. Hablaban del cuerpo humano como de una máquina a la que había que alimentar del mismo modo que al coche había que ponerle gasolina.

A Julia, que tenía problemas con la comida cuando se ponía nerviosa, le parecía ingenuo hablar de la obesidad infantil sin que se tuvieran en cuenta los problemas psicológicos que se esconden tras esa enfermedad.

Siempre había tenido una intransigencia alta a expresar cualquier tipo de queja. Julia nunca protestaba por nada. Cuando sufría un contratiempo, resolvía el malestar comiendo. Sus ataques de ansiedad se frenaban ingiriendo comida y viendo la televisión, que siempre tenía encendida, incluso en la cocina. Ahora sonreía ante la noticia de la obesidad infantil porque siempre hablaban de la alimentación material como si el cuerpo no estuviera influido por afectos difíciles de dominar; como si no se dieran cuenta de que se puede comer para huir de la soledad; como si nuestro cuerpo sólo fuera un cuerpo físico que necesita comida, pero que no está atravesado por un psiquismo que puede utilizar la comida para aliviar otros males originados por múltiples conflictos.

En una psicoterapia a la que empezó a asistir por sus

ataques de ansiedad, acababa de descubrir que sus atracones de comida y el ruido continuo de la televisión estaban al servicio de mitigar la sensación de abandono que la embargaba cuando se encontraba sola. De niña se sintió demasiado abandonada y aunque intentaba entender la razón de esta soledad argumentando que su madre, por razones laborales, estaba poco tiempo en casa, en realidad no se trataba de eso. Cuando estaba en casa, tampoco tenía tiempo para ella. Su madre la colocó en un lugar de compañera, pero no de hija. Le pedía que se ocupara de cosas que excedían su capacidad. Con la actitud aparente de confiar en su hija, la dejaba sola frente a dificultades que no podía resolver. Julia siempre pensó que si se quejaba decepcionaría a su madre. Su amor por ella la llevó a negar que esa confianza que su madre ponía en ella era más bien una suerte de abandono. No podía tratarla como una niña, no podía mimarla, nunca estaba para escucharla y dedicarle el tiempo que necesitaba. Cuando su madre se iba de casa, le decía: «come algo y mira la tele», suponiendo así que su hija estaría entretenida y no se sentiría sola. Ahora que es ya una mujer, Julia sigue sintiéndose una niña abandonaba. Cuando se encuentra desbordada por algo que no puede resolver se sienta a comer y a ver la tele siguiendo las antiguas indicaciones de su madre, como si continuara esperando a que ella volviera.

Si a una niña se la trata como una adulta, cuando llega a ser una mujer se comporta como una niña.

LA CUNA DE LOS AFECTOS

Si recapacitamos al escuchar la palabra «familia», cada uno de nosotros se dará cuenta de que la historia de su vida está unida a ella. Es posible que quienes hayan tenido una historia emocional saludable no tengan dificultades con la comida, porque no tienen grandes agujeros sentimentales que tapar. Probablemente, vivirán las reuniones familiares con la alegría de recordar una historia infantil que les dejó una buena base para la vida. Pero aquellos que tengan asociada su infancia a carencias emocionales importantes, y aunque hayan conseguido una vida cómoda y envidiable, no sentirán las reuniones familiares, que generalmente se celebran con comida, como algo agradable. Aquellas personas que, en lugar de reprimir sus carencias infantiles, las reconocen y las elaboran psicológicamente, pueden reparar en alguna medida su infancia intentando organizar con sus hijos unos vínculos afectivos diferentes de los que tuvieron.

«El temor a las privaciones físicas y emocionales son las dos principales ansiedades del hombre», dice Bruno Bettelheim. Así pues, el hambre y la falta de amor es a lo que más teme el niño. La falta de amor está representada para él por el abandono de los padres. Las reuniones familiares tranquilizan a los niños porque representan que, en lo que se refiere al abandono de sus padres, no tienen que tener miedo: siempre habrá otra gente de la familia —abuelos, tíos, primos— que los ayudarán. Las reuniones que los adultos hacemos con amigos, con familia, las comidas, las cenas, los regalos, son también una forma de intentar cubrir las necesidades afectivas y calmar las carencias que sufrimos.

Ángeles: la violencia, un acto sin nombre

Ángeles era consciente del rechazo que le producía comer con su familia y procuraba hacerlo lo menos posible. Lo decidió un día que no podía olvidar. Todos estaban sentados a la mesa. Sus hijos y sus sobrinos permanecían en una mesa aparte, más pequeña. Su sobrina, una niña simpática y cariñosa a la que Ángeles quería mucho, se levantó para que su madre le pusiera la comida en el plato. Al regresar hacia la mesa en la que estaban sus hermanos y primos, tropezó y la comida que llevaba en el plato cayó al suelo. Entonces, la hermana de Ángeles empezó a regañar a la niña, obligándola a recoger la comida del suelo, ponerla de nuevo en el plato y comérsela. Ángeles dijo que la niña no podía comer eso y su hermana le contestó que a su hija la educaba ella y que se callara. Nadie dijo nada, el padre de la niña tampoco. Y mientras Ángeles veía cómo su sobrina comía mientras lloraba y cómo sus hijos la miraban con cara de espanto, comenzó a sentir un nudo en el estómago. Cuando llegó a su casa, vomitó. Aquel suceso desagradable para Ángeles, evocó algunas de las crueldades que su hermana mayor le había hecho siendo una niña. ¿Qué tipo de madre hace comer a una hija la comida que se ha caído al suelo? Quizá alguien para quien cuenta mucho más lo material que lo afectivo. ¿Qué tipo de padre calla sin defender a su hija de un acto semejante? Quizá alguien que no ha llegado a ser adulto y se somete al despotismo de una mujer porque se siente incapaz de ejercer como padre. Ángeles había pasado mucho tiempo al cuidado de su hermana cuando era pequeña y aquel acto de crueldad sobre su sobrina la alejó para siempre de su hermana. Fue la gota que colmó el vaso. Esta distancia que puso entre su familia y ella la liberó para siempre de un vínculo afectivo donde ella siempre tenía que soportar, al estilo de su sobrina, agresiones y desplantes. Durante algún tiempo, le costó aceptar que en su familia jamás podría encontrar el afecto y el cariño que necesitaba. La actitud de su hermana hacia ella también dejaba al descubierto la incapacidad de sus padres para acogerla y protegerla. Después de un tratamiento, consiguió reacomodar sus deseos y sus afectos, aprendió a valorarse según iba desligándose de su familia. El alimento afectivo que había recibido era malo, pero Ángeles había logrado ponerle nombre a todos los actos que había sufrido y a todas las violencias que había soportado, había logrado poner palabras a todas las carencias emocionales que tenía en su historia, construyendo otra. Llenó su despensa imaginaria de otros ingredientes. Ángeles invitaba a sus amigos a comer a casa porque le encantaba comer y hablar, le gustaban mucho las sobremesas charlando con amigos hasta media tarde. Y, curiosamente, algo que llevaba años manteniendo era la costumbre de ir a comer con sus amigas cada cierto tiempo. Le gustaba hablar con ellas de cosas de chicas, era una conquista personal. Ángeles había podido organizar con sus amigas lo que nunca había podido hacer con su hermana: una relación fraterna, donde las mujeres se apoyan porque han superado la rivalidad con su madre.

Eduardo y Cristina: una familia bien alimentada en todos los sentidos

A Eduardo le gustaban las celebraciones familiares. Eran seis hermanos y el clima de solidaridad y apoyo existente entre los miembros de su familia siempre había sido la envidia de sus amigos. Tanto es así, que algunos de estos amigos se consideraban «hijos adoptivos» de los padres de Eduardo. Durante las comidas se hablaba de casi todo y de casi todos. Entre buenos y sabrosos platos, circulaban palabras amables, así como el interés por lo que unos hacían o la aceptación de las dificultades de los otros. El buen alimento afectivo circulaba entre los miembros que componían la mesa. Eduardo había conseguido que su mujer, Cristina, hiciera comidas familiares, ahora que su madre ya era muy mayor para ocuparse de tanto jaleo. Cristina tenía un poco de recelo al principio porque no recordaba nada bueno de las reuniones con su propia familia. En algunas ocasiones, la tensión ambiental resultaba insoportable. Sin embargo, el modo de ser que tenía la familia de Eduardo le gustó tanto que cuando éste le propuso comidas en su casa no tardó en sentir que por fin podía cambiar su historia. Hasta entonces, a Cristina no le gustaba preparar comida porque estaba asociado a todo lo que ella había recibido en su familia. No había podido descubrir el placer de comer con otros. Ella mantenía un lazo inconsciente entre este tipo de comidas y las experiencias tan desagradables que se producían en su casa, durante su infancia. Esta asociación también había producido en ella un fuerte rechazo a cocinar. Cristina adoptó como propia a la familia de su pareja, a la que acogía en su casa preparándoles comida, siempre con la ayuda de Eduardo y con la alegría de saber que la reunión iba a ser una fiesta. Todo esto pudo suceder cuando fue capaz de valorar lo que había conseguido con su marido y apropiarse de la alimentación emocional distinta de la que había recibido.

La mayor sensación de alegría y seguridad se produce, para los niños pequeños, cuando están rodeados de mayores de la familia, pues así tienen asegurado el afecto y la comida, las dos necesidades primordiales del ser humano. Cuando las reuniones familiares han sido felices, siempre quedarán en el recuerdo como unas fiestas que proporcionan seguridad y alegría y este sentimiento se repetirá a lo largo de la vida. Por el contrario, cuando las reuniones familiares están llenas de rivalidades, de tensión y agresividad, los niños perciben estos afectos que les producen inseguridad. Entonces, las reuniones o festividades familiares quedarán asociadas a algo que produce tristeza y quizá se intenten evitar. Otra posibilidad, como en el caso de Eduardo y Cristina, es que una persona pueda reparar en alguna medida su historia con la familia de su pareja. Para que ello sea posible, la propia historia tiene que estar asumida y aceptada. En caso contrario, se entrará en discusión con la pareja, lo que señalaría las dificultades que se han tenido para elaborar la propia historia afectiva.

DATOS PARA EL RECUERDO

- Los kilos de más pueden funcionar como una defensa ante algunos afectos o deseos que nos asusta reconocer.

– Tras algunos síntomas relacionados con la comida se esconden dificultades para organizar deseos propios. No se ha podido construir una subjetividad capaz de elaborar los deseos edípicos.

– El dolor psíquico se sitúa más allá del cuerpo, en el espacio inmaterial donde se crea el lazo de amor. El dolor se produce cuando se rompe el lazo amoroso que nos unía a otro. Entonces se pueden sufrir trastornos alimentarios.

  Durante el proceso de duelo el desgaste de la energía psíquica es alto, lo que provoca que no se pueda comer ni vivir con normalidad.

– El vómito puede ser la metáfora de un sentimiento de rabia que no encuentra otro modo de expresarse.

– La familia deja una impronta que determina, en cierta medida, cómo manejaremos nuestros impulsos agresivos.

– Controlar la alimentación de una forma exagerada puede estar al servicio de compensar la falta de control en otros aspectos de la vida.

– Las dietas pueden tratar de reglamentar algo que no está claro en nuestro interior.

– El cuerpo que exponemos a la mirada de los otros está mediatizado por una mirada interna de la que a veces no tenemos conciencia.

– La inquietud que provoca un sentimiento de culpa inconsciente puede ser aplacada con la comida.

– La nostalgia se produce al reconocer el vacío de algo que se tuvo y se perdió. La comida puede utilizarse como un intento de tapar ese hueco.

- Nuestros sueños son los encargados de hablarnos de nuestros deseos reprimidos. Los deseos son los ingredientes psicológicos que se cocinan en los sueños y que alimentan nuestra vida.

- Los kilos de más pueden ser un modo de enfrentarse a la pareja, de no querer ser deseada, de sentirse invadida por el deseo del otro porque no se puede reconocer el propio.

- El rechazo a cocinar puede provenir de una asociación inconsciente entre la alimentación recibida en la infancia y un ambiente tenso o agresivo que se producía a las horas de la comida.

7

Anorexia

¿QUÉ ES LA ANOREXIA?

De entre los conflictos con la alimentación (por lo que parece, en aumento) causa especial inquietud el de la anorexia, con frecuencia asociada a la bulimia. Trataremos, a lo largo de las próximas líneas, de aproximarnos a esta patología desde una óptica distinta de la habitual.

¿Por qué una adolescente se niega a comer? ¿Por qué se atiborra de comida para vomitar después, como en un intento de desembarazarse de algo insoportable?

La anorexia, quizá por la angustia que produce en los adultos, provoca respuestas tan rápidas como ineficaces. Casi todas ellas van dirigidas a acallar el síntoma, a obligar a comer a su víctima. Pero ¿se la escucha? ¿Se la entiende?

La clínica psicoanalítica ofrece una mirada diferente sobre este tipo de trastornos. Propone una escucha que haga posible que la boca de la paciente pase, de ser una boca obligada a alimentarse, a una boca capaz de poner palabras a su sufrimiento.

La anorexia desafía las leyes de la biología, de la psicología y de la naturaleza. La adolescente anoréxica asegura que el ayuno no es una forma de autodestrucción, sino la única manera de vivir.

La anoréxica experimenta un vacío constante que trata de llenar, ésta es la razón por la que desarrolla una hiperactividad que oculta el vacío insoportable que siente en su interior.

Se trata de una patología grave, de difícil diagnóstico, y que pone en peligro la vida de quien la sufre. Es un síntoma que expresa el deseo inconsciente de negar la diferencia sexual. El cuerpo se transforma en un escenario donde se representan conflictos que no se pueden decir de otro modo. No hay palabras para expresar los problemas que se agitan en las profundidades del psiquismo. Entonces, se manifiestan en forma de actos tales como dietas, inapetencia, vómitos… Se hace lo que no se puede decir. Se intenta controlar la comida porque no se pueden controlar los sentimientos. Las palabras, en el trastorno anoréxico, están siempre referidas al cuerpo. No hay un discurso asociado al deseo, a las fantasías, a los sueños, a proyectos vitales. El placer se convierte en obligación, la ilusión no existe y la existencia es tan plana como decepcionante. Las anoréxicas están atrapadas en el cuerpo, al que niegan, en busca de una espiritualidad que no consiguen hacer propia.

La palabra anorexia está compuesta por un prefijo de negación, «an», y el verbo «orego», que significa, alcanzar, tocar, tomar consigo, tender, ofrecer, expandirse de gozo, desear a alguien. No incluye la acepción de comer. Sin embargo, el aspecto del conflicto con el deseo que se le presenta a toda anoréxica no se tiene en cuenta y la palabra sólo se utiliza para designar a quienes rechazan la comida. G. Baravalle opina que muchos médicos se identificaron con las madres, que consideran la comida como el principal aporte que hacen al desarrollo de los hijos.

En la actualidad parece que aumenta de forma alarmante. Pero ¿es la anorexia una enfermedad actual?

HISTORIA

En 1873, C. Lasègue y William Gull hablan de anorexia histérica y anorexia nerviosa, que relacionan con un trastorno mental. Una de las observaciones de Lasègue se refiere a la infantilización a la que está sometida la anoréxica, a quien se intenta hacer comer.

En 1895 Freud publicó, en *Estudios sobre la histeria*, el caso de Emy von N., que presentaba, entre otros síntomas, un rechazo a la comida. Se trata de la primera época. Cuando Freud empezó a ver pacientes histéricas, tuvo algún caso que luego se hizo famoso, como el de Dora. Entre estas mujeres, atendió a Emy, que padecía un síntoma de anorexia. Esta joven despierta en Freud mucho interés, le diagnostica histeria y le aplica la hipnosis como método terapéutico. Los avatares de esta relación terapéutica nos hacen comprender a posteriori hasta qué punto la atenta escucha de Freud y el desafío que le planteaba Emy con sus dificultades ante la alimentación contribuyeron al descubrimiento del inconsciente.

Freud aún no ha descubierto la asociación libre. Atribuye las dificultades que tiene en el tratamiento a su exceso de entusiasmo y a la naturaleza obstinada de su paciente. Emy le dice que no debe preguntarle todo el tiempo de dónde proviene esto o aquello, sino dejarla hablar sin interrupciones. Freud se muestra de acuerdo. Ella prosigue: «Cuando se lo llevaron, no podía creer que estuviera muerto» y Freud se da cuenta de que su mal humor se debe a que no había podido acabar su historia. Los dolores gástricos de su paciente acaparan el interés de Freud, que le pregunta si alguna vez fue forzada a comer. En efecto, después de la muerte de su marido, perdió el apetito y sólo se alimentaba porque debía hacerlo.

Freud descubre que Emy tira más de la mitad de su comida. ¿Por qué? Ella le contesta que la comida le hace mal. Freud actúa como se supone que debe actuar un médico y le pide que coma. Ella le dice que lo va a hacer porque él se lo pide, lo que ya anuncia un fracaso de la prescripción médica, pues no lo hace por un deseo propio.

Emy declara una huelga de hambre y Freud la da un ultimátum para que reflexione. En caso contrario, deberá dejar el tratamiento. Ella, al día siguiente, colabora y recuerda. Cuenta una historia de conflictos con relación a la comida, entre ellos, lo mal que lo pasaba con su exigente madre, que la obligaba a acabarse lo que había en el plato. Le relata también el temor a contagiarse de las enfermedades de sus hermanos; el miedo y el asco estaban asociados a la comida, pero ella se obligaba a no expresar nada de lo que sentía.

Freud deduce que si Emy come tan poco es porque los alimentos se encuentran ligados, desde su infancia, a recuerdos repugnantes cuya carga afectiva se mantiene.

Hasta hoy, y desde Freud, la anorexia ha interesado al psicoanálisis, de la que se ha ocupado con resultados clínicos constatables.

DESTRUIR EL CUERPO

En muchos casos existe una relación intensa y ambivalente con la madre. Entre madre e hija prevalece a veces un vínculo de amor y odio. Los sentimientos agresivos hacia la madre hacen que la hija se sienta culpable y busca aliviar la culpa con autoagresiones. La anoréxica se siente abandonada por su madre, que por lo general tiene un fondo depresivo, razón por la cual tampoco ella puede expresar sus sentimientos libremente con su hija. Podríamos preguntarnos: ¿Por qué la madre es una depresiva? De las historias clínicas se desprende que tiene una imagen negativa de su sexualidad. Por esta razón, le cuesta aceptar el sexo de su hija. La cuida técnicamente bien, pero la abandona afectivamente, sin darse cuenta de ello.

Generalmente el padre aparece como un hombre poco comprometido con lo que ocurre o, por el contrario, ha convertido a su hija en la favorita, lo que contribuye a que aumente el enfrentamiento con la madre. La anoréxica destruye su propio cuerpo porque no puede aceptar su sexualidad sin conflicto.

LA FAMILIA

La anoréxica aparece en un contexto familiar determinado y provoca con su síntoma conflictos que obligan a moverse a sus allegados.

Ginette Raimbault, después de una larga experiencia en el tratamiento de este síntoma, refiere que las familias de las anoréxicas tienen características comunes. Son familias donde todo constituye una preocupación y, sobre todo, una obligación; donde todo lo llena el trabajo y los hechos, donde no hay lugar para las palabras que nombren fantasías y proyectos. No hay lugar para el placer ni para el deseo.

Dentro de la familia, los dos personajes principales tienen rasgos cuyo análisis es importante para entender las preguntas y el desafío que la anoréxica plantea al grupo familiar.

UNA RELACIÓN PECULIAR CON LA MADRE

Silvia Tubert, en *Deseo y representación*, afirma que en las historias de las anoréxicas a menudo aparecen dos situaciones opuestas que podrían estar alternativamente en la base del conflicto. Por un lado, se trataría de una madre que no ha podido dirigir hacia la hija el amor necesario, por lo que no le ha transmitido tampoco amor hacia su propio cuerpo o, por el contrario, no ha podido ver en ella más que la encarnación del ideal narcisista, lo que no le permite reconocerla como un ser diferente: es ella misma, sin distancia y sin diferenciación alguna. La hija, así mirada, asume las fantasías de la madre con la imposibilidad consiguiente de asumir su propio deseo.

La niña, al no lograr diferenciarse de ella porque no le es posible salir de la identificación primaria con su progenitora, se convierte en portavoz de los deseos de la madre. Este tipo de identificación es masiva y no permite que la niña tenga una subjetividad propia.

Winnicott estableció una relación entre los síntomas que implican dejar morir el cuerpo (que sería lo que pretende la anoréxica) y una experiencia temprana que denominó «muerte psíquica», que es la inexistencia, en algún sentido, para el otro. Cuando la niña ha sufrido alguna forma de abandono provocada, por ejemplo, por el nacimiento de un hermano, por una enfermedad de la madre o por la falta de atención en un momento crucial de su desarrollo afectivo temprano, se culpabiliza más tarde de ese sentimiento de abandono (le ha ocurrido eso por ser mala) y se adhiere a la madre. Así muchas historias clínicas de las anoréxicas muestran una relación intensa y ambivalente con la madre.

«Se lo dije a la doctora: mi carácter es una mezcla extraña de audacia y miedo; una mezcla de ambas cosas, pues para existir estoy obligada a violar las leyes de mamá; pero al mismo tiempo la temo y mientras la desobedezco haría cualquier cosa por complacerla. Mamá no te quería, naciste por casualidad, lo oigo constantemente. Y creo que tal vez sea cierto, mi hermano tenía razón», afirma la protagonista de *Su boca más que nada prefería*, la novela de Nadia Fusini, una historia autobiográfica que narra el proceso y la curación de una anoréxica.

Estas mujeres ignoran lo que la vida puede aportar para disfrutar una vez que está asegurada la supervivencia. El mundo decepciona a las anoréxicas y esta decepción no deja de evocar la ignorancia que tiene la madre de lo que la vida ofrece. ¿De dónde viene esa ignorancia?

Mara Selvini, psiquiatra y psicoterapeuta familiar, hizo una investigación sobre cincuenta y dos pacientes que estuvieron en terapia durante un período de ocho años. Selvini dice que hasta el momento los terapeutas han tenido falta de empatía con las madres de las anoréxicas, a quienes describe con las siguientes características: mujeres que no parecen hallar interlocutores válidos ni aliados igualitarios en la red familiar ni social. Privadas del afecto auténtico de la familia de origen, se apoyan mucho en un hombre que tiene pocas capacidades para dar ese tipo de soporte. Mujeres muy firmes y muy eficientes, pero, sin embargo, infelices. Se sienten obligadas a estar a la altura de sus expectativas, que suelen ser altas, y son incapaces de dejarse llevar por los afectos; el deber está por encima de cualquier afecto y tienen poca disponibilidad para el contacto interpersonal. Necesitadas de empatía y consideración suelen caer en un vínculo donde con frecuencia se sacrifican y a veces son humilladas. Esta capacidad para el sacrificio es alta. Nunca reivindican nada para sí. Como sus maridos, las madres de las anoréxicas se sintieron poco compenetradas con la madre. Han aprendido pronto a valerse por sí mismas confiando en sus propios recursos. Han aprendido a reprimir la rabia de no sentirse aceptadas, pero todo esto se esconde tras la apariencia de mujeres muy educadas, excelentes amas de casa y eficientes trabajadoras.

EL PADRE

Graciela Estrada, en *El desafío de la anorexia*, dice: «Las mujeres anoréxicas están pegadas a su madre y tienen un padre ausente que interviene poco, que no corta situaciones duales entre madres e hijas. El padre carece de lugar, no habla ni interviene en los conflictos creados en torno a la alimentación, nunca dice un no. Es un padre eclipsado por la madre o del que sólo se escucha y cuenta lo que la madre dice de él y cómo lo relata».

En ocasiones, el padre, lejos de estar ausente, mantiene una presencia seductora y una excesiva cercanía a la hija que perturba el crecimiento de ésta.

Mara Selvini, en el estudio antes citado, señala al padre de las anoréxicas como un hombre con más carencias que las madres. Muchos sufrieron algún alejamiento de la familia. Los sufrimientos por estas separaciones han sido negados. Ellos, sin embargo, tienden a idealizar a sus padres y presentarlos como exentos de esa insuficiencia afectiva que ahora está provocando síntomas. Igual que idealizan a sus padres, se idealizan a sí mismos y no reconocen sus fragilidades. «No pocas veces —afirma Selvini—, con el fin de no ofuscar una imagen materna idealizada, han compensado su dolor infantil haciéndose precozmente eficientes e independientes, negando a su conciencia la intensa necesidad de un sustituto materno afectuoso y disponible.»

Selvini sigue con la descripción y dice que han sido hombres alabados y utilizados por sus madres; han utilizado estas capacidades para obtener un éxito profesional que tendrá en la edad adulta repercusiones sobre el bienestar económico y social de la familia, pero no sobre el afectivo.

Por lo general, son buenos hijos, muy fiables, que se pasan la vida tratando de obtener ese amor de los padres que quizá está dirigido a otro hermano menos eficaz pero más querido.

Negar su parte carenciada no los ha librado de ella. Por el contrario, es esa parte no reconocida la que los ha llevado a elegir una esposa anhelada por sus cualidades afectivas y siempre disponible. Mujeres con una capacidad afectiva ilimitada que no piden nada a cambio y que son tolerantes con la dependencia que el marido tiene con la familia de origen. Las carencias padecidas en la familia de origen inducen a estos hombres a reacciones defensivas convirtiéndose en grandes triunfadores en el área profesional. Algunos tienen la misma actitud dominante dentro del hogar; otros, sin embargo, tienen una actitud depresiva.

Estos hombres son maestros en evitar el diálogo con sus mujeres y la solución a los conflictos que pudiera derivarse de él. Utilizan diversas tácticas: unos se encierran en un silencio críptico, difícil de interpretar; otros reaccionan con gritos y cierran el diálogo; otros pontifican sobre principios abstractos imponiendo sus puntos de vista a mujeres irritadas que se han vuelto vacilantes y suelen ser acusadas de irracionales.

Están emocional y físicamente lejos de sus hijos, no participan en la crianza de éstos, sobre todo en los primeros años, dejando todos los cuidados en manos de la madre. Comienzan una interacción más significativa a partir de la adolescencia.

Por regla general, han sido hijos modelo. Cargan con

necesidades no satisfechas y, al tiempo, con una total incons-
ciencia respecto a esas carencias. Son unos carenciados que
se ilusionan con ser superautónomos. Están en una posición
de quien nunca debe pedir nada para sí. Por ello, para estos hombres es muy difícil entrar en la relación de intimidad que requiere la psicoterapia. Padres a los que la vida ha
tratado con dureza, llegan a la terapia hostiles y desprecia-
tivos.

Ayudarlos a reinterpretar el desconocimiento de las necesidades afectivas de sus hijas es uno de los fundamentos
de la terapia familiar.

La sexualidad

Según Françoise Dolto, la anorexia en la pubertad guarda
relación con los conflictos para acceder a una sexualidad ge-
nital. En general los padres no han sabido poner unas reglas
claras a sus hijas. Tampoco habrían podido indicar la pre-
ferencia por su mujer con relación a su hija. Este padre no
ha dejado claro que tiene una mujer a la que desear y una
hija a la que querer.

Una bola en la garganta

Dolto cuenta el caso de una joven que cuando se encontraba en compañía del hombre al que amaba no podía comer.
Ella ignoraba el deseo sexual que sentía hacia aquel hombre y que fue capaz de reconocer gracias al tratamiento psi-

cológico. La angustia que sentía en el esófago era el resultado de un desplazamiento desde la vagina hacia la laringe. Se prohibió el deseo de ser penetrada bajo la forma de no poder comer.

Su novio quería festejar sus encuentros llevándola a comer a restaurantes, pero ella siempre le ponía dificultades y siempre rechazaba las invitaciones. La relación estaba a punto de romperse. Entonces, su amante tuvo un día la feliz idea de llevarla a la cama antes de invitarla a comer. Como por arte de magia, la bola de la garganta desapareció. Esófago y laringe habían sido liberados por el encuentro sexual previo.

Dolto asegura que en esta paciente, y hasta ese momento, no se había producido una distinción entre oralidad (el placer que acompaña al acto de comer) y genitalidad ante el objeto deseado y amado, representado por el hombre.

MAGDALENA: «CON LO HERMOSA QUE ERA GORDITA»

El psicoanalista Carlos H. Jorge, en el libro *Anorexia*, relata un caso que ilustra los rasgos de esta enfermedad en una adolescente, que a los 16 años pesaba 35 kilos cuando a los 13 había pesado 63. Entre los 14 y los 16 perdió 28 kilos.

Llegó a la consulta enviada por un endocrino que reconoció la dimensión psicológica en los síntomas que presentaba.

La madre es la única que habla y manifiesta su preocupación por la negativa de su hija a comer las suculentas comidas que ella le prepara. Para esta mujer, de profesión sus labores, el bienestar y el sufrimiento de la vida giran en torno a la comida, que ocupa para ella un lugar privilegiado. No le importa tanto si la hija va bien o mal en los estudios, si tiene problemas afectivos, si sale mucho o poco. Su preocupación fundamental es que vuelva a ser como a los 13 años. «Con lo hermosa que era mi Magdalena cuando era gordita.»

El padre había muerto un año antes de la primera entrevista. Estaba enfermo del corazón, era diabético y pocos meses antes de morir se negó a comer. La fecha en que ella comienza a rechazar la comida coincide con la negativa del padre que, como era diabético, tenía prohibido los dulces. La madre, en cambio, es adicta a ellos.

Magdalena no soporta los dulces, le producen vómitos. A la madre le gusta aquello que al padre le hace tanto mal. Magdalena, en sus fantasías de devoración materna de origen inconsciente, teme que su madre la envenene. De este modo, proyecta sus impulsos agresivos sobre su madre. Magdalena se identifica con su padre. Es como si se dijera: «Mi padre no está muerto, está en mí». Cuando se ha perdido una persona querida, una forma de negar la pérdida consiste en identificarse con ella, como si se pretendiera recuperarla desde dentro.

Con este caso, que hemos reducido considerablemente, sólo pretendíamos apuntar la complejidad que reviste un caso de anorexia.

EL CUERPO FEMENINO Y SU CONSTRUCCIÓN CULTURAL

En el imaginario social existen ideales que se asocian a la feminidad y que son, en cierta medida, responsables del malestar femenino. Actualmente se propone un exagerado culto al cuerpo, pero a un cuerpo delgado. Hay, contra las curvas, una lucha sospechosa de valorar lo andrógino. Se comprime el cuerpo en unas minitallas que impiden a la adolescente convertirse en mujer. Cabría preguntarse si en esta propuesta cultural contra la curva no se esconde un rechazo a la sexualidad femenina. La mujer libre no es dominable.

La compulsión a amoldar el cuerpo a una imagen ideal y el rechazo a las carnes que desbordan el límite ideal, pueden relacionarse con la angustia individual y social ante las fantasías de un cuerpo que tiene deseos, apetitos e impulsos incontrolables. El cuerpo se convierte en una amenaza porque conduce a que la persona asuma sus carencias y el desconocimiento que tiene sobre sí misma.

No es extraño que la angustia ante los apetitos incontrolables de las mujeres y del cuerpo femenino se intensifique en períodos en que aquéllas adquieren mayor independencia y se manifiestan más en el espacio público y político; por ejemplo, cuando en la adolescencia salen al mundo el mensaje cultural que reciben es el de tener que ser delgadas, sin curvas, para gustar.

El modelo cultural propuesto actualmente puede estar de acuerdo con el que se tiene en la anorexia, pero su conflicto con el ser mujer va más allá de los dictados de la moda.

LA ANOREXIA Y LA MODA

En la actualidad hay una idealización de la delgadez. El inicio de las dietas coincide con un deseo consciente de perder algunos kilos, anhelo reconocido como legítimo y saludable.

Ahora bien, la descripción que hace Lasègue sobre la anorexia, cuya validez permanece, corresponde, según la fecha, a una época en que el ideal cultural no estaba identificado con la delgadez.

Según nos cuenta Ginette Raimbault en su libro *Las indomables*, nada confirma en las palabras de las anoréxicas, una vez que la enfermedad está instalada, que ellas anhelen estar a la moda. El factor desencadenante, que sería el no engordar, pasa enseguida a un segundo plano de una sintomatología mucho más compleja.

En su libro, referencia obligada para entender la anorexia, Raimbault hace un análisis espléndido de cuatro anoréxicas famosas que aparecen en muy diferentes momentos de la historia: Sissi, la emperatriz de las anoréxicas; Antígona; Simone Weil, la filósofa, y santa Catalina de Siena.

Esta autora sostiene que los objetivos que persiguen las anoréxicas no varían, lo que sí lo hace es su entorno cultural. No parece para nada evidente que si variara el ideal de la delgadez de las mujeres actuales disminuyera el número de anoréxicas. Desde luego, sí bajaría el número de mujeres que buscan perder unos kilos. Las anoréxicas utilizan los valores de que disponen y a veces estos valores son los dominantes de la sociedad en la que viven.

En su estudio, Raimbault dice que en la época de Sissi (nace en 1837) su ideal de delgadez no era un valor femenino del momento. Simone Weil (1909-1943), como muchas anoréxicas, daba muy poca importancia a la coquetería.

El modelo cultural influye en la cantidad de mujeres que desean perder unos kilos, pero apenas en la formación de la anorexia, cuyo origen se remonta a complejos inconscientes que sólo podrán desvelarse en un tratamiento psicoanalítico.

DATOS PARA EL RECUERDO

- La anorexia no es sólo un trastorno de la alimentación. Sus víctimas pertenecen a diferentes tipos psicopatológicos y su gravedad es variable según la estructura psíquica de la paciente, lo que en ocasiones plantea dificultades a los profesionales. En casos extremos, conduce a la muerte y debe ser diagnosticada siempre por un profesional experto en este tipo de enfermedad.
- Si bien se expresa en el cuerpo, la anorexia es una enfermedad psíquica.
- No conviene centrar la atención en el peso. El exceso de atención sobre su cuerpo hace que ella se sienta cada vez peor, lo que aumentará y reforzará el síntoma.
- Atender al problema. No conviene quitarle importancia con el socorrido «son cosas de la edad», porque constituye un modo de negar lo que los síntomas representan. Si no se tratan esos síntomas, más adelante se manifestarán de otra forma.
- Hay que conseguir que quienes la padecen sigan un tratamiento, porque no pueden resolver el problema

ellas solas. Las madres tampoco. Tienen que pedir ayuda. El conflicto de la hija es la expresión de un problema familiar. Los padres tienen que estar dispuestos a colaborar exponiéndose a investigar los orígenes del conflicto.

— La anorexia no se supera sin un tratamiento integral que incluye, necesariamente, una terapia psicológica profunda y larga.

8

Trastornos de la alimentación, preguntas y respuestas

Las cartas* que componen este capítulo funcionan a modo de ejemplo de cómo hablan las mujeres sobre los trastornos que padecen con la alimentación. Todas se hacían preguntas, tenían miedo, sufrían; algunas temían caer en la anorexia o en la bulimia, pero todas poseían la capacidad de pedir ayuda, lo que quiere decir que admitían la existencia del conflicto. Cuando este reconocimiento se produce en los comienzos de la enfermedad, se dificulta su instalación y se facilita el tratamiento. Algunas de estas mujeres ponían palabras por primera vez a lo que les ocurría, lo que cons-

* Las cartas que aparecen en este capítulo se publicaron en un consultorio psicológico que aparece en la revista *MH* (Mujer Hoy), si bien muchas de ellas han sido ampliadas y revisadas para este libro. Todas las remitentes sufrían trastornos con la alimentación y tenían síntomas graves que hacían recomendable un tratamiento psicoterapéutico. A las cartas se les ha puesto un título y los nombres han sido cambiados. Entre ellas se encuentra la de una mujer que escribió después de haber leído una historia parecida a la suya; se trata de un testimonio valioso, porque nos dice que hay solución para este tipo de problemas, aunque lleva tiempo. Ella lo resolvió y cuenta cómo.

tituye también el primer paso para resolver el problema. Las palabras «anorexia» y «bulimia» se utilizan mucho y con frecuencia aparecen en su discurso, pero la mayoría de las veces responden a fantasías y temores que no sabemos si son ciertos, pues no hay un diagnóstico. Los trastornos sobre la alimentación, muy abundantes, están ligados a psicopatologías también muy diferentes.

Uno de los rasgos que tienen en común las remitentes es que en su mayoría son adolescentes y jóvenes. También hay una mujer de 30 años cuyos trastornos comenzaron en la adolescencia. Sin embargo, la primera carta pertenece a una mujer de 55 con graves problemas de sobrepeso que relata dos sueños de cuya lectura intuye, con acierto, que tratan de decirle algo acerca de su padecimiento. También tenemos una abuela que se preocupa por su nieta de 15 años. Todas se encuentran solas; se tragan lo que les pasa e intentan arreglarlo sin hablar con nadie, porque se sienten avergonzadas de sus síntomas. Sólo hablan de su cuerpo y se definen a partir de él. Dependen mucho de cómo las ven los otros, pero, sobre todo, de una mirada interna que las descalifica. Se sienten culpables con relación a su familia e intentan ocultar sus problemas. Comen para aliviar una ansiedad que no pueden dominar o dejan de hacerlo como en la carta «Tengo comida atascada en la garganta» para evitar un ataque de angustia. Apenas tienen comunicación con su madre. Saben poco acerca de su mundo interno, aunque algunas de ellas perciben una desvalorización que coincide con una exigencia muy alta hacia sí mismas. Éstas son sus voces y, tras sus palabras y sus preguntas, las respuestas.

Sueño que voy sola en un tren vacío

Tengo 55 años y llevo mucho tiempo con sobrepeso, me sobran muchos kilos. Como demasiado, pero muchas veces sin ganas, mientras tenga en el estómago lugar. Algo que no sé qué es me lleva a tragar. Después me siento fatal. No comprendo lo que me pasa porque, aunque sé que me hace daño, en realidad no lo puedo evitar por el momento. No quiero ir a la consulta de un psicólogo porque las veces que lo hice por otras razones, sentí que no se acercaban a conocerme, sino que me juzgaban a la ligera. Escribiendo, espero contar con mayor grado de objetividad por parte de quien me lea, porque siento que la imagen que se percibe de mí no es adecuada. Soy una persona inteligente y con formación académica, sin embargo suelo encontrarme con personas que se ponen a darme consejos como si vieran en mí una timorata fácil de invadir y eso me afecta en mis relaciones. No he dado con profesionales que quieran escucharme.

No sé si tendrá relación, pero sueño repetidamente, y desde hace años, que voy sola en un tren vacío cargada de cosas —la mayoría no son mías, sino de mi familia—, ropa y objetos personales en bolsas que no sujetan todo, por lo que se me caen al momento de levantarme para salir, cuando llega a una estación. Entonces me despierto con mucho malestar. Otro sueño repetitivo es que estoy evacuando el intestino en público y me da mucha vergüenza a la hora de limpiarme, así hasta que me despierto.

Cada día me propongo comenzar una etapa en la cual venza el problema, pero mis intenciones son traicionadas por esta adicción a meter comida sin una lógica, al menos una que yo pueda comprender para terminar con el problema.

A. M.

Las razones por las que llevas tanto tiempo sufriendo el síntoma que describes en tu carta son ilógicas a primera vista porque pertenecen al mundo inconsciente. Eso no quiere decir que no las tengas o que sean irreales. Parece que nadie ha sabido escucharte para averiguar lo que te ocurre, e intuyes, con acierto, que un psicoanalista que interpreta tus sueños podría ayudarte a entender. Tienes razón en que tus sueños hablan por ti e intentan expresar lo que se debate en tu mundo interno, más allá de lo consciente. El primer sueño da cuenta de lo que cargas y descargas («se me cae») y que atribuyes a cuestiones familiares. A qué tipo de cuestiones te refieres es uno de los aspectos que habría que investigar. En el segundo sueño, nos hablas de la vergüenza que te da realizar un acto privado en público. Quizá la obesidad encierra para ti algo privado, pero que no se puede esconder; los kilos de más son algo que todos ven y que quizá tú quisieras ocultar. Pero no puedes. Como no puedes controlar lo que ingieres, te atemoriza la fantasía de que tampoco vas a ser capaz de controlar lo que evacuas, y que posiblemente sean afectos censurados por ti. Dices que tienes recursos intelectuales para manejarte en la vida, lo que no dudamos, pero parece que lo que tú quieres saber es por qué no tienes recursos emocionales para sentirte bien tanto contigo misma y con tu cuerpo como con la gente que te rodea. Un tratamiento psicoanalítico te conduciría a comprender las razones de tu adicción a la comida.

ESTOY OBSESIONADA CON MI CUERPO

Soy una chica de 16 años tímida y muy insegura. Desde hace varios años estoy obsesionada con mi cuerpo y desde hace poco, también con mis estudios. Casi siempre estoy a dieta. Este verano contacté con una página web pro anorexia en la que te daban consejos para adelgazar mucho y en poco tiempo. Intenté seguirlos pero lo que perdía en tres días lo recuperaba en uno. Ahora he decidido dejar de visitar esa página, pero aun así me doy algún atracón de vez en cuando y no consigo estabilizarme. A veces pienso que es por la ansiedad que me da que mi madre me vigile siempre lo que como por los kilitos que cogí. Respecto a mis estudios, siempre he sido una buena estudiante, pero a base de mucho esfuerzo. También decir que soy una persona muy susceptible y a veces lloro por las noches. Por último, mi madre nunca me escucha, pocas veces me ha apoyado y a veces no se muestra muy comprensiva.

P. L.

Eres lo suficientemente sensata como para haber dejado de visitar una página web que sólo podía perjudicarte. La actitud de tu madre, tal como la describes, no parece ayudarte, pero piensa que se comporta así porque no sabe hacerlo de otro modo. Al igual que tú, ella no puede comprender tu relación con las dietas y los atracones. No resulta extraño que la obsesión acerca de tu cuerpo comenzara hace algunos años. En esa época, las transformaciones corporales y los cambios psicológicos de la pubertad suponen un «trabajo» psíquico nada fácil de realizar. Cada púber lo hace, sin saberlo, con los recursos que cuenta. Tu inseguridad, tu exigencia con los estudios, así como tus dificultades alrededor de la alimentación son síntomas que hablan de que el proceso de la pubertad-adolescencia sigue resultando un camino difícil para ti. Una psicoterapia te ayudaría a averiguar los obstáculos que te impiden avanzar en tu crecimiento personal. Habla claramente con tus padres. Con su apoyo y la atención profesional que necesitas saldrás adelante.

Estoy llorando mientras escribo

Soy una chica escocesa de 15 años y mi historia es bastante complicada. Mis padres se separaron cuando yo tenía tres años, mi padre se fue con otra (vive ahora con ella y tienen un hijo de cuatro años). Hasta el año pasado, yo vivía en Edimburgo con mi madre y mi hermano pequeño, y estaba supermal. Mi madre sufre depresión y, aunque yo no he sufrido eso, me ha afectado mucho. El año pasado fumaba, bebía, tomaba drogas y acudía a una psicóloga.

Finalmente mi madre me mandó en marzo de 2004 a España, a vivir con mi padre, mi madrastra (con quien no me llevo muy bien, a pesar de que todo el mundo intenta convivir con paz), y su hijo, mi hermano. Al principio odiaba España, odiaba a mis padres, pero, sobre todo, me odiaba a mí misma. Sin embargo, iba mejor, y desde septiembre hasta Navidad perdí 15 kilos. Aprendí a hablar español, me sentía superbién.

Pero desde Navidad, cuando volví a Edimburgo durante las vacaciones, me pasa algo. Cuando estoy sola en casa, como hasta la saciedad, como dulces, como de todo. Sé que mi problema es emocional y no físico, pero no puedo hablar con mi padre ni con mi madrastra. He subido cinco kilos. Ahora peso 70 y casi me quiero matar. Necesito algo, un centro, un lugar donde pueda hablar con otra gente, para no engordar ni odiarme por ser así. Por favor, estoy llorando mientras escribo esto, no puedo caer en el remedio de utilizar la comida como «amiga» o lo que sea. SOS.

A. M.

Has tenido una vida dura y has crecido en un ambiente cargado de problemas. Como bien dices, todo eso te ha afectado. La separación de tus padres y el estado emocional de tu madre han impedido que tuvieras el apoyo necesario. Con sólo 14 años, según dices, fumabas, bebías y tomabas drogas. Es como si intentaras adormecer las inquietudes internas que no sabías cómo acallar. Te tragabas todo eso para huir de una historia personal complicada y que no podías elaborar.

Parece que venir a España con tu padre te hizo bien, aunque llama la atención que perdieras 15 kilos en tan poco tiempo. El deseo de integrarte en tu familia y acercarte a tu padre fue grande y por ello aprendiste a hablar español. Pero todo este esfuerzo se vino abajo cuando volviste a Edimburgo.

En el movimiento de separaciones con tu madre y con tu padre pudieron surgir conflictos relacionados con la culpabilidad que sientes ante uno u otro y que se desencadenaron después de Navidad, cuando volviste a ver a tu madre.

Da la impresión de que, para no crear problemas, te tragas los conflictos. Sin embargo, has vivido en un ambiente cargado de conflictos que no has creado tú.

Quieres arreglártelas sola, pero tienes que encontrar una mano «amiga» en personas y no en la comida. Un tratamiento psicoterapéutico te conduciría a salir del estado en que te encuentras, te ayudaría a comprender ese odio hacia tus padres que acaba volviéndose contra ti. Los 70 kilos no son el motivo del odio hacia ti misma, sino todas las dificultades afectivas que has sufrido. Necesitas hablar y ordenar tu mundo emocional. En ese sentido, buscar el apoyo de tu padre es el primer paso para conversar sobre la posibilidad de realizar una psicoterapia que te sirva para averiguar qué te pasa.

NUNCA LE HE HABLADO A NADIE DE ESTO

Hace mucho que he llevado un problema dentro de mí y hoy es el día que tengo unas preguntas que no me atrevo a hacer a nadie. Tengo 24 años y en la adolescencia, hacia los 14 años, estaba rellenita e hice un régimen para adelgazar. Adelgacé bastante y después caí en la bulimia (era un círculo vicioso del cual me costó mucho salir). Durante tres años estuve comiendo con bastante ansiedad y vomitaba a continuación para no recuperar los kilos perdidos previamente. Pero a los 17-18, siendo consciente de estar enferma y con mucha fuerza de voluntad, conseguí salir de ese agujero. Nunca le he hablado a nadie de esto y todo lo he hecho sola. Posteriormente a eso, seguía un poco con ansias de comer, por lo que engordé. Después se me normalizó la ansiedad y el día de hoy como normal. Hace tres años adelgacé después de pasar una mala racha (pero no hice nada, fue bastante más por desgaste psicológico y también porque tenía menos hambre), y desde entonces me he mantenido bastante constante (2-3 kilos arriba-abajo), por lo que estoy orgullosa de haberlo superado yo sola. Pero tengo en mi interior cierta inseguridad. Sobre todo, lo he notado en una relación que he tenido con un chico, y creo que puede ser consecuencia de todo lo que he pasado en la adolescencia. No sé qué hacer, no sé si necesito ayuda o no tiene nada que ver. Mi inseguridad, sobre todo, era por miedo a que me dejara por otra, y al final mis celos y mi «posesión» lo han agobiado y me dejó.

Sé que no tengo nada que hacer con este chico, pero no quiero que me pase lo mismo otra vez. ¿Qué puedo hacer para confiar más en mí misma y en los demás (sobre todo en los chicos)? Agradecería una contestación, ya que por fin me he atrevido a «soltar» lo que tengo dentro.

L. M.

Parece que en la adolescencia hiciste de «tripas corazón» para salir adelante, pero lo tuviste que pasar muy mal.

Las ansiedades que calmabas comiendo y los vómitos que venían después señalan graves dificultades para construir una subjetividad que te hiciera sentir bien contigo misma. No hay datos para saber qué te pasaba, pero ahora entra de nuevo en acción algo de aquello que no pudo ser elaborado. Algunos conflictos que quedaron sin resolver en la adolescencia se ponen ahora en juego al producirse un encuentro íntimo con el otro. Aquellas dificultades que se colocaron entonces en la comida, se manifiestan ahora en forma de inseguridad. Podríamos preguntarnos si el miedo a que el chico te dejara por otra era una forma de proyectar sobre él algo del rechazo que sientes por ti misma y si esa inseguridad puede estar relacionada con la fantasía de que hay otra mejor por la que te pueden abandonar. Los vómitos de la adolescencia podrían representar algo que eras incapaz de soportar en tu interior y que no podías metabolizar psicológicamente. Si bien es de valorar el esfuerzo que tú sola has hecho por resolver el problema, te conviene saber que para dominar verdaderamente lo que ahora aparece como inseguridad necesitas ayuda. Intuyes, con acierto, que puede repetirse con otro chico lo mismo que te ocurrió con el anterior, acerca del que dices que «tu posesión» lo agobió, como si en el vínculo con los chicos reprodujeras tu relación ansiosa con la comida. Los «posees y luego se produce un rechazo». Quizá has tardado tanto en «soltar» lo que tienes dentro por temor a no saber qué es lo que puede salir de ti.

¿QUÉ PUEDO HACER PARA ADELGAZAR?

En 2003 pesaba 59 kilos y en el 2004 fui aumentando hasta 65. Intenté tratar de comer menos pero no funcionó. Entonces accedí a vomitar, estuve vomitando durante unos dos meses, pero no vi resultado alguno. Dejé de hacerlo y después de un tiempo adelgacé de 65 kilos a 59, me sentía mejor. El problema es que otra vez he engordado. Compré una crema para adelgazar pero no vi resultado. Pienso que a lo mejor es porque dejé de vomitar por lo que he comenzado a subir kilos. Ahora peso 63 kilos. Todo el mundo dice verme más rellenita. No quiero ni pensar cuando venga el verano. ¿Qué puedo hacer para adelgazar y no subir de peso?

M. G.

Llama la atención la poca información que das sobre ti. Sólo hablas de tu cuerpo y de tus kilos y de la gran importancia que le das a cómo te vean los otros. Si sabes en qué momento empezaste a engordar, ¿no sería conveniente que pensaras sobre lo que vivías por aquel entonces? ¿Qué te pasó durante el año 2004? ¿Cuáles eran tus circunstancias personales? Da la impresión de que, más allá de la comida, hay algo que no puedes metabolizar desde el punto de vista psicológico. Una psicoterapia te ayudaría a sentirte mejor con tu cuerpo y a quitarte de encima el *peso* de no sentirte bien ante la mirada de los otros.

Esta carta interesó mucho a una lectora que escribió *a la revista* comentando su experiencia. Su aportación es interesante.

Conexión natural

Hola, leo muchas veces su revista, esta mañana me ha impactado mucho la carta titulada «¿Qué puedo hacer para adelgazar?», de M. G. He sido anoréxica y bulímica, y sé cómo se siente esta chica. Por ello he decidido escribir esta carta, sin saber si servirá de algo.

Yo también comí menos y no adelgacé más que unos gramos. También vomité, abusé de laxantes y horas de gimnasio, pero nunca conseguía perder esos kilos y, si lo hacía, en nada volvían a mí. Hasta que un día dije BASTA. Tal como le has recomendado a M. G. fui a terapia, y empecé a descubrir muchas cosas. Había otro problema muy distinto detrás de esa obsesión por adelgazar, un problema que me tenía bloqueada no sólo a mí, sino a mi cuerpo. La obsesión era sólo un reflejo o un escape: así como un alcohólico bebe para huir de sus problemas, sean cuales sean, yo estaba huyendo del mío y de mi miedo, centrando todas mis energías en perder esos malditos kilos. Trabajé mucho y, no voy a engañar a nadie, fue muy duro. Aprendí a olvidar la báscula, olvidé mis michelines por un tiempo, me relajé, empecé a dormir bien, a disfrutar de mi cuerpo, del sexo, de la vida y de la comida. Desapareció la ansiedad y los atracones, y encontré lo que yo he llamado CONEXIÓN NATURAL. Aprendí a escuchar mi cuerpo, a comer cuando él lo pide y lo que él pide… y pasó el tiempo… No significa que me haya descuidado ni mucho menos, he ido al gimnasio, he seguido utilizando mis queridas cremas reafirmantes, y he sido, si cabe, más presumida. ¿Para qué te cuento todo esto? Pues porque al recobrar mi confianza, mi conexión natural, mi cuerpo, él solo y sin ningún esfuerzo, se colocó en mi peso perfecto, aquel que no lograba conseguir… y ¡sin hacer nada!, tan sólo conectarme conmigo misma fue la solución.

Somos mucho más que una masa de carne, y no sólo nos debemos a nuestro físico y a nuestro cuerpo, somos un todo y como tal debemos tener conectadas nuestras partes (mente, cuerpo, alma, etc.). No sé si entiendes lo que quiero explicar, nuestro cerebro es muy potente, es capaz de bloquear nuestro metabolismo con una obsesión. Si uno es feliz, se relaja, se ama, se cuida y mima, y no olvida que es más, mucho más, que un cuerpo, todo vuelve a donde debe estar, incluso el peso. Aunque no olvides una cosa: cada persona tiene su propio y único estado natural, es decir, que si tu cuerpo, para ser feliz y estar sano, necesita pesar unos kilos más que el de la vecina del cuarto o tu amiga Menganita, no te odies ni le eches la culpa a la cena del sábado pasado. Cuidarte, sí, pero aceptarte también.

Yo decidí poner fin a todo esto cuando vi que los años me pasaban y lo único que recordaba de mi pasado eran todas las dietas que había hecho. La vida pasa muy rápido. ¿Vale la pena no disfrutarla por unos kilos de más? Realmente, yo creo que no.

L. A.

Esta lectora trata de ayudar a la anterior contándole su experiencia y sostiene que para que la obsesión por adelgazar desaparezca lo mejor es sentirse bien con una misma, lo que vulgarmente se llama «ser feliz». Para ello, es importante que se produzca lo que ella denomina con acierto «conexión natural». La desconexión entre el cuerpo físico y el mundo emocional es una de las causas que provoca síntomas con la alimentación. «Al recobrar mi confianza, mi cuerpo se colocó en mi peso perfecto»... «Había otro problema muy distinto detrás de la obsesión por adelgazar.» Cuando se pueden conectar, en el curso de un tratamiento, las dificultades emocionales que tenemos, y que han provocado los síntomas, con la alimentación, éstos se resuelven. Cuando dejamos de focalizar el interés en el cuerpo y lo ponemos en conexión con lo emocional, los conflictos que venían de nuestro mundo interno dejan de provocar síntomas en el cuerpo porque pertenecen a otros aspectos de nuestra subjetividad. Somos mucho más que una masa de carne, como bien nos dice L. No nos cuenta el problema que escondía tras su ansiedad por la comida, pero no es necesario porque pertenece a su intimidad, una intimidad que ya vive como propia y sabe guardar. Cuando ponemos en conexión el cuerpo con lo emocional, los conflictos con la comida desaparecen y nos podemos hacer cargo de otros aspectos de nuestra subjetividad. Podemos comenzar a dirigir nuestra vida y a disfrutar de nuestro cuerpo porque ahora su cuidado ya no es una carga. La gran diferencia es que ahora lo cuidamos porque nos queremos y antes sólo controlábamos el peso porque rechazábamos nuestro cuerpo y, con él, a una parte de nosotras mismas que no lográbamos aceptar.

Estoy obsesionada con la comida

Tengo 30 años y desde los 15 estoy obsesionada con los kilos. Se habla de las drogas, pero a veces pienso que esto es igual o peor porque no te mata pero te obsesiona. En mi adolescencia por lo menos tenía más fuerza de voluntad. Cuando me casé, llegué a ir a un médico que receta unas pastillas milagrosas para adelgazar y funcionó, pero después volví a coger los kilos. De eso hace dos años largos ya. Ahora he sido mamá hace cinco meses y, bueno, estoy más gordita que antes, pero lo que me preocupa es que me levanto diariamente con el propósito de empezar a hacer dieta y por la noche lo estropeo con algún atracón de dulces o chocolates o lo que haya que me guste. En estos cinco meses he empezado como 4 o 5 dietas. No he perdido absolutamente nada, estoy igual que cuando salí del hospital. Creo que mi caso es de psicólogos, pero no puedo acudir a ninguno y menos ahora, con el bebé. ¿Me podéis aconsejar algo? Me siento bastante decepcionada conmigo misma por esto.

S. R.

Acabas de ser mamá y no es momento de ponerse a dieta. Nada más lejos de lo que conviene a tu salud física y psíquica ni a la de tu bebé. Obsesionarte ahora con adelgazar es una forma de arruinarte el momento irrepetible que vives. Con esa idea en la cabeza no podrás disfrutar de los primeros meses de la vida de tu hijo y le arrebatarás a él la oportunidad de sentir que está con una madre relajada, que acepta su cuerpo. Te encuentras en uno de los momentos más creativos de la existencia de una mujer y tienes demasiadas cosas en las que emplear tus energías como para desperdiciarlas en el control obsesivo de lo que comes o dejas de comer. El cuerpo tarda entre seis meses y un año en recuperarse después de un parto. ¿Por qué, en lugar de estar orgullosa de ti misma por haber tenido un hijo, te encuentras decepcionada porque no adelgazas? ¿Por qué no puedes disfrutar de este momento de tu vida y de la de tu bebé en vez de arruinarlo pensando en dietas?

Cuando tomaste esas pastillas «milagrosas» fue, según nos dices, después de casarte, así que tu deseo de adelgazar aparece asociado a la sexualidad y viene, según señalas, desde la adolescencia. ¿Cómo te sientes como mujer?

Es muy cierto que la obsesión por la comida puede equipararse a una toxicomanía. No sabemos qué grado de descontrol es el tuyo, pero los atracones suelen tapar algún conflicto que en principio no se puede dominar. En lugar de nombrar lo que sientes, parecería que comes para no sentir, pues comer rebaja la ansiedad. Trata de pensar qué te estaba pasando antes de un atracón. En tu situación actual, tu mundo emocional puede estar revolucionado, lo que es algo habitual después de tener un hijo. Cuando el cuidado de tu bebé te lo permita, si sigues con esta obsesión, sería conveniente que consultaras con un psicoterapeuta. Esto podría ayudarte a vivir la relación con tu cuerpo, contigo misma y con tu hijo de forma más placentera.

TENGO BULIMIA. ¿QUÉ PUEDO HACER?

Tengo bulimia desde hace unos años. Estoy en tratamiento desde hace año y medio, pero no veo mejoría en mí. En mi casa lo están pasando mal, sobre todo mi madre, pues ya no sabe qué hacer conmigo. Hago esfuerzos, quiero recuperarme, pero es demasiado difícil... Además, me tengo que operar dentro de unos meses [...]. Siempre estoy de mal humor, agresiva, sobre todo con mis hermanos, con los que nunca me he llevado bien y ahora menos que nunca. ¿Qué más puedo hacer?

A. M. A.

Si tu diagnóstico es correcto y tienes bulimia, lo primero que debes saber es que se trata de una enfermedad que necesita tiempo. Algo a tu favor es que te das cuenta de algunas características tuyas que te hacen sentir mal. Pero das pocos datos sobre ti: no sabemos tu edad, ni de qué te van a operar ni qué clase de tratamiento sigues. Podríamos decir que en tu carta «te comes» las palabras que se refieren a lo que te concierne. ¿Qué te pone agresiva? ¿Qué te pone mal de tus hermanos? Poner palabras a lo que te ocurre es precisamente lo que necesitas y a partir de ahí buscar el origen de tu padecimiento, algo que se organizaría en un tratamiento psicológico.

Me siento culpable cuando como mucho

Soy una chica de 16 años y tengo miedo a caer en un problema del que no pueda salir. Yo ahora uso entre una talla 34 y una 36 y desde siempre he comido mucho, sobre todo en confiterías. También como en casa lo justo, pero el problema es cuando como por ahí con mis amigas y amigos, que después de darme un buen atracón me siento culpable porque temo engordar, por eso he intentado varias veces vomitar, pero nunca consigo echarlo. Igual es por miedo a las consecuencias, no sé, o también pruebo a dejar de comer, pero en unas horas ya estoy otra vez comiendo de forma compulsiva y luego me lamento. Aparte de eso, creo que cada día me estoy obsesionando más con mi figura, de modo que cada vez me veo más gruesa por lo que creo que con el tiempo conseguiré vomitar y caeré en la bulimia o en cualquier otra enfermedad. ¿Necesito ayuda o solamente es algo pasajero aunque ya lleve dos o tres meses?

F. M.

El cuerpo, a tu edad, tiene muchos cambios que van acompañados de otros no tan visibles, pero sí muy importantes. Son los que corresponden a la imagen que tienes de ti misma, a cómo te sientes. Señalas que es cuando sales con las amigas y amigos cuando peor lo pasas, lo que nos lleva a pensar que en esas situaciones tu ansiedad aumenta. Quizá haces esfuerzos por quedar bien y temes que no te vayan a aceptar por tu aspecto. Tal vez en el encuentro con los otros se levantan ansiedades que intentas ocultar con el atracón. Quizá intentes controlar demasiado tu figura porque sientes precisamente que es bastante incontrolable lo que está pasando en tu cuerpo. Sería conveniente que pudieras confiar en tu madre para contarle lo que te ocurre. Una psicoterapia te ayudaría a comprender lo que te sucede y evitaría que tuvieras más adelante conflictos con la comida. Además, te haría sentir mejor contigo misma. Tienes a tu favor que hace poco que te ocurre y de esta forma se ataja antes el síntoma que comienzas a padecer.

ME DA PÁNICO ENGORDAR

> Cuando estaba en el colegio era gordita, así que los niños empezaron a reírse de mí, a sacarme motes y a marginarme. En el último curso de primaria, adelgacé mucho por una operación. Mis compañeros comenzaron a aceptarme y dejaron de meterse conmigo. Ahora tengo 17 años y estoy más bien delgada pero me da pánico engordar. Como equilibradamente, pero cuando llegan los exámenes lo paso fatal: me pongo muy nerviosa, no paro de pensar en la comida y cuando por fin como, me siento insatisfactoriamente llena y me entran remordimientos. He pensado muchas veces en vomitar pero al final nunca lo hago. Tengo miedo de acabar metida en una enfermedad y no sé qué hacer.

A. G.

Parece que tu historia infantil te hace temer que el hecho de engordar vuelva a representar que los otros te rechacen. Pero ahora que ya te haces mayor, puedes empezar a pensar que no se te puede valorar porque estés más o menos delgada. Los exámenes son momentos de mucho estrés y el miedo a la falta de conocimientos y, sobre todo, a no conseguir la aprobación de los demás te genera una ansiedad que intentas aliviar comiendo. Llenas el cuerpo, pero sigues sintiendo vacíos y carencias, porque parece que necesitas mucho el aprobado de los otros, y temes no conseguirlo. Quizá sería conveniente que fueras tú la que comenzaras por aprobarte a ti misma.

AL MIRARME AL ESPEJO ME DOY ASCO

> Soy una joven de 16 años y llevo tres viéndome gorda. Hago de todo para adelgazar, pero en momentos en los que me veo fatal no puedo remediar el comer lo primero que pillo. Después, al mirarme a un espejo, me doy asco a mí misma. Cuando la gente me dice que no estoy gorda, me fastidia y luego ya no sé qué pensar. A veces pienso que falla algo en mi cabeza. No recurro a decírselo a nadie porque ya se ha pasado antes por esto en mi familia, con mi hermana, y no quiero dar más disgustos. Decidme lo que sea. Para mí es un espanto pesar 58 kilos y usar la talla 40. Odio mi cuerpo.
>
> E. A.

Dices que en momentos en los que te ves «fatal» no puedes remediar comer lo primero que pillas. La comida es el objeto que alivia una ansiedad que no puedes controlar de otra manera. ¿Qué es lo que sientes en esos momentos? ¿Has pensado por qué tu mirada tiene esa exigencia?

A los 13 años, que debe de ser la edad en la que empezaste a tener problemas con la comida, es cuando suele aparecer la menstruación y se comienza a elaborar psicológicamente lo que representa ser una mujer. Es también el momento en el que el cuerpo se transforma. Dices que te molesta que los demás te digan que no estás gorda. Parecería que lo que más miedo te da es sentirte bien con tu cuerpo de mujer, porque eso te conduciría a abandonar la imagen infantil, que no tiene curvas. Una mujer es deseable cuando se siente bien consigo misma y esto va mucho más allá del cuerpo que se tenga. En tu carta señalas que tu hermana ya pasó por algo semejante, lo que puede querer decir que hay una cierta identificación con ella. ¿Cómo vives tu feminidad? ¿Te da miedo ser deseable? Creo que te convendría hablar del asunto con alguna mujer. ¿Por qué no con tu hermana?

SIEMPRE TENGO NECESIDAD DE COMER

Mi conflicto es el siguiente: No tengo problema de obesidad, pero sí con la comida. No tengo nunca sensación de saciedad en el estómago y siempre tengo necesidad de comer. En un centro de dietética me dijeron que se debía al hecho de comer muy poco, pero yo creo que es más complicado que todo eso. ¿Qué podría hacer?

V. G.

Tus sospechas son ciertas cuando intuyes que tu relación con la comida pasa por otros caminos que no sólo son corporales. Con frecuencia, comer más de la cuenta significa querer tapar con la comida otros vacíos que se refieren al mundo de los afectos. Dices: «No tengo problema, no tengo sensación de saciedad», como si tuvieras la ilusión de que la comida puede colmarte de algo que «no tienes». Quizá la idea de saciarte esconda la fantasía de tenerlo todo.

¿Come por ansiedad?

Tengo una nieta de 15 años y desde hace aproximadamente seis años nos tiene preocupados y desesperados por su carácter rebelde. Después de tanto tiempo he llegado a la conclusión de que las cosas que hace se deben a que es su naturaleza y que es incapaz de controlarse. Todo es hacer exactamente lo contrario de lo que se le dice, las escenas en casa son terribles. Los insultos y palizas están a la orden del día. Ha sido una niña eternamente castigada y, claro, eso no ha mejorado su carácter. A tal punto llegaron las riñas familiares que sus padres, incapaces de controlar la situación, acabaron separándose hace más de un año.

Se da la circunstancia de que es una niña con un sobrepeso notable. El endocrino con el que estuvo unos meses dijo que le faltaba poco para ser una obesa mórbida. Al final, el endocrino no sirvió para nada porque se negó a seguir sus consejos (dieta y ejercicio), por eso yo pienso que el problema es doble. ¿Come por ansiedad? ¿Tiene ese carácter por la gordura? No lo sé. ¿Qué camino hay que seguir? ¿Castigos? ¿Premios? ¿Indiferencia? ¿Charlas? ¿Cambiar de ambiente? No lo sé porque hemos probado de todo. La niña es inteligente y sigue unos estudios normales. Y ésta es mi petición: ¿Dónde hay que acudir? ¿Hay algún médico especialista en estos casos? Si es así, decídmelo, pues andamos totalmente desorientados.

Por otro lado, tenemos el miedo de que caiga en algún tipo de droga, pues ella sabe que alguna de esas sustancias adelgaza rápidamente.

T. M.

El deseo de ayudar a tu nieta para que salga de la situación preocupante en la que se encuentra es una suerte para ella, pues sola no podría encontrar una salida a sus conflictos.

Cuando dices que os preocupa desde hace seis años, nos preguntamos qué pasaría por aquel tiempo para que tu nieta comenzara a «tener un carácter tan rebelde». Es muy posible que por esa época, en que ella tendría nueve años, comenzaran los cambios hormonales que preparan la pubertad. Quizá a los padres les costara un poco comprender el principio de su desarrollo. En tal caso, al percibir que su cuerpo planteaba un conflicto, lo resolvió rebelándose contra todo. Algunos padres se ponen nerviosos con el crecimiento de sus hijos y son incapaces de acompañarlos a lo largo de ese proceso. En estos momentos también eres tú, y no ellos, la que intenta ayudarla.

No te equivocas cuando dices «la niña ha sido eternamente castigada y eso no mejora su carácter». Probablemente ha reforzado esa actitud porque ha sido también la única manera de sentirse escuchada. Por lo que dices, no sólo le han pegado, sino que ella misma se autoagrede deformando su cuerpo.

Ella no es culpable de la separación de sus padres, pero puede sentir que lo es. El sobrepeso del que nos hablas podría estar relacionado con el «sobrepeso» de conflictos que arrastra desde muy pequeña. Es probable que todo ello le cree un estado de ansiedad que, como tú bien dices, la conduzca, por un lado, a comer demasiado y, por otro, a no poder descargarse de los conflictos psicológicos que lleva en su interior. Tu miedo a que caiga en algún tipo de drogas puede estar relacionado con que ella busca algo para intentar calmarse y negar su realidad tanto corporal como vital. Por ahora, lo que toma de forma descontrolada es la comida.

Además de una dieta razonable y específica, que tendría que prescribir un profesional, es necesario que la lleves a un psicoterapeuta y que pueda ser escuchada en un tratamiento psicológico para que consiga elaborar los problemas que presenta y que denuncian conflictos importantes en el ámbito familiar.

NO SÉ SI SUFRO ANOREXIA

Soy una chica de 17 años y hace cosa de un año empecé un régimen para perder unos tres kilos. Yo no estaba gorda pero quería perder unos pocos kilos. El caso es que durante los primeros meses no perdí y entonces decidí tomármelo en serio. Los conseguí adelgazar, pero luego, cuando ya no debía perder más, continué con la dieta, no porque quisiera adelgazar, sino por miedo a engordar. El caso es que adelgacé mucho y ahora peso 47 kilos. Yo no sé si sufro anorexia, igual sí, pero lo que menos quiero hacer es hacer sufrir a mis padres, ya que el año que viene empiezo la universidad y voy a ir fuera, a otra ciudad. Voy a empezar a ir al psicólogo, pero es que no sé lo que me pasa y no sé cómo he podido llegar a esta situación. Me siento mal conmigo misma y no tengo ilusión por nada.

L. G.

Da la impresión de que estás angustiada y tratas de calmar tus temores controlando la comida. Dices que al principio no pudiste perder los tres kilos que querías, pero que cuando te pusiste en serio conseguiste adelgazar. Sin embargo, después aparece de nuevo el temor a no poder controlar lo que comes. Quizá tu exigencia por mantener un determinado peso esconda otros temores que tienen que ver con este momento de tu vida: en unos meses te separas de tus padres, comienzas la universidad, y, a tu edad, la relación con los chicos también es motivo de una cierta angustia. Por otra parte en esta etapa, como es lógico a tu edad, tu cuerpo cambia y también la percepción que tienes de ti misma. El movimiento interno que sientes puede ser grande y por esta razón lo vives como incontrolable. Nos parece muy acertada la decisión de acudir a un tratamiento psicológico, pues has de investigar qué es lo que te ocurre y comprender, como tú misma dices, cuáles son las causas que te han llevado a esta situación.

¿POR QUÉ VOMITO?

> Tengo 16 años y desde hace unos tres meses me provoco el vómito. Realmente no creo que tenga bulimia, pues no me doy grandes atracones de comida ni lo hago de forma compulsiva, simplemente intento adelgazar haciendo una dieta, y si me la salto, aunque coma poco, lo vomito. Lo hago casi todos los días.
>
> No sé si tengo un problema pero no soy consciente de ello, no sé por qué lo hago. De pequeña era gorda y aunque ahora no lo soy, siempre he querido adelgazar. No estoy muy a gusto con algunas cosas de mi vida ni con la gente que me rodea ni de mí misma. No tengo demasiada autoestima y creo que igual por eso lo hago. ¿Realmente puedo tener bulimia?

> M. A.

Eres consciente de que tienes un problema, pero no sabes de dónde viene. Dices que no te das atracones de forma compulsiva, pero, sin embargo, vomitas de forma compulsiva («lo hago casi a diario»). Señalas en tu carta que ahora no eres gorda pero sí lo has sido cuando eras pequeña, por lo que parece que el conflicto que vives en la actualidad te remite a algo infantil. También nos preguntas si tienes bulimia, a lo que tenemos que decirte que el diagnóstico no aclara lo que a ti te ocurre. En ocasiones la búsqueda de un diagnóstico que permita decir «tengo bulimia» sirve para creerse que ya se sabe lo que ocurre, cuando en realidad no se sabe nada de lo que le pasa, en particular, a esa persona. En tu caso, hay que buscar las razones de por qué no puedes dejar de vomitar. El vómito es una solución somática a algo que no se puede elaborar psicológicamente. Señalas que no estás a gusto con algunas cosas de tu vida ni con la gente que te rodea ni contigo misma. Quizá habría que empezar por ahí. Sería conveniente que consultaras con un profesional para realizar un tratamiento y de esta forma indagar en las razones de tus síntomas.

TENGO COMIDA ATASCADA EN LA GARGANTA

Mi caso es algo raro. Tengo 22 años y hace algunos, mientras comía, me atraganté y se me «fue por el otro lado» la comida. Pasado el tiempo, me volvió a ocurrir lo mismo. Hablo ya de hace unos seis años más o menos. La cuestión es que, no sé por qué motivo, ahora cada vez que como algo siento el temor de atragantarme o de que me voy a ahogar. Hay días que no me apetece ni comer por miedo a quedarme atragantada, pero, es más, cuando como, siento que se me ha quedado algo de comida atascada en la garganta y me levanto efusivamente del sitio intentando moverme como si de esa manera me bajara antes la comida. Otras veces, si estoy sola en casa, cuando me siento así, tiendo a coger un cigarro porque siento que con eso se me bajará la comida.

Me estoy empezando a preocupar porque ya ni quiero comer por ese temor y no sé qué solución ponerle. Puede que todo esto suene algo ilógico, pero creedme que lo estoy pasando mal.

L. M.

Es muy importante que te ocupes del síntoma que padeces y no lo dejes de lado. Sabemos que lo pasas mal, porque tales episodios suelen ir asociados a un ataque de angustia. La primera vez que te ocurrió estabas en un momento delicado de la vida, que es la adolescencia. En esa etapa, una chica se pregunta cómo es una mujer y se separa de la niña que fue. En ese momento se necesita apoyo y comprensión para elaborar los conflictos normales de la edad. A veces, estos conflictos no son procesados y se desplazan al cuerpo. Ahora aparece el síntoma con relación a la comida. Y así como dices que ya no quieres comer para que no te ocurra, podría, con el paso del tiempo, que se extendiera a otras situaciones. Parece que se te atragantó algo que no has podido elaborar y que te crea angustia. Dices que se fue «por otro lado». Hay otro lado desconocido dentro de nosotros que se nombra con palabras. Creemos, como dices, que tienes motivos para preocuparte. El síntoma no desaparecerá fumando. En tu caso, es recomendable un tratamiento psicoanalítico que te ayude a poner palabras a lo que sucedió y encuentres el verdadero sentido de ese síntoma.

¿LA ANOREXIA PUEDE INFLUIR EN MI DESEO SEXUAL?

Soy una chica de 22 años. Hasta ahora no había tenido una pareja estable, con lo cual no he mantenido relaciones sexuales. Sin embargo, con mi actual pareja he intentado mantenerlas, pero no hemos podido llegar a la penetración porque yo no consigo excitarme. Creo que la teoría la hemos aplicado bien, ha habido preeliminares, hay plena confianza entre los dos para hablar de cualquier cosa... Pero el caso es que yo no me excito lo suficiente. Para él resulta muy frustrante, pues teme que sea su culpa, y a mí me preocupa que sea yo la que tenga un problema. Otro aspecto que creo que puede ser importante es el hecho de que yo sigo un tratamiento psicológico por anorexia. No sé si esto puede influir en mi deseo sexual, pues tomo antidepresivos y tranquilizantes. Ahora estoy bastante bien anímicamente y con mi chico no tengo ningún tipo de problema. ¿Dónde está el problema? ¿Puedes darme alguna solución? Estoy empezando a preocuparme por el tema. Gracias

I. T.

Estás bastante acertada en lo que supones: un efecto posible de la medicación que estás tomando es que el deseo sexual sea menor. Ahora bien, estos medicamentos los tomas porque estás tratándote de una enfermedad. Tienes que tener en cuenta que la anorexia es la enfermedad de la inapetencia y la sexualidad también está implicada en lo que te pasa. La falta de apetito en este tipo de padecimientos también alcanza al deseo sexual. El cuerpo participa, y mucho, en el encuentro sexual, y en la anorexia algo que se ve cuestionado es precisamente la dimensión sexual del cuerpo. Por los datos que aportas, parece que tienes un tratamiento psiquiátrico en el que recibes medicación. Si, además de ello, realizaras una psicoterapia, podrías abordar en el marco conveniente las dudas que tienes para poder elaborar los conflictos que te condujeron a la anorexia. Entonces, si te das tiempo, es probable que resuelvas tus dificultades.

DATOS PARA EL RECUERDO

- Las adolescentes centran su interés en el peso de su cuerpo, cuando es el «peso» de la elaboración psíquica que tienen que realizar lo que no pueden llevar a cabo sin conflictos.
- La falta de comunicación con un interlocutor válido y el desconocimiento de lo que ocurre en el interior de su mundo emocional les produce angustias y ansiedades que intentan calmar con la alimentación.
- Cuando dejamos de centrar el interés en el cuerpo y podemos ponerlo en conexión con lo emocional y lo afectivo, los conflictos que venían de nuestro mundo interno dejan de provocar síntomas en el cuerpo porque pertenecen a otros aspectos de nuestra subjetividad.
- Se sienten culpables cuando se dan atracones.
- El vómito es, en algunas ocasiones, una solución somática a algo que no se puede elaborar psicológicamente.
- El deseo sexual puede verse afectado en el caso de la anorexia porque esta enfermedad cuestiona precisamente la dimensión sexual del cuerpo.

Bibliografía

ABERASTURI, A., *La adolescencia normal*, Paidós, Barcelona, 1988.

ANDRÉ, J., *Los orígenes de la sexualidad femenina*, Editorial Síntesis, Madrid, 2002.

BARAVALLE, G., Jorje, Ch. y VACCARAZZA, L. E., *Anorexia y clínica psicoanalítica*, Paidós Ibérica, Barcelona, 1993.

BARNHILL, J. W., y TAYLOR, N., *Trastornos de la alimentación*, Robin Books, Barcelona, 2000.

BERESTEIN, A., *Vida sexual y repetición*, Síntesis, Madrid, 2002.

BOLWBY, J., *La separación afectiva*, Paidós, Barcelona, 1985.

BRACONNIER, A., *Guía del adolescente*, Síntesis, Madrid, 2001.

BURIN, M., y MELER, I., *Varones. Género y subjetividad masculina*, Paidós, Barcelona, 2000.

CAÑAMARES, E., *¿Por qué no puedo adelgazar?*, Algaba Ediciones, Madrid, 2002.

CHASSEGUET-SIMIRGEL, J., *La sexualidad femenina*, Biblioteca Nueva, Madrid, 1999.

DOLTO, F., *Las etapas de la infancia*, Paidós, Barcelona, 2000.

—, «A propósito de la anorexia», versión modificada del artículo «Anorexia mental», publicado en la revista *Le Coq-Heron*, núm. 9, 1984.

FREUD, S., *Tres ensayos sobre una teoría sexual y otros escritos*, Alianza Editorial, Madrid, 2003.

—, *El malestar en la cultura y otros ensayos*, Alianza Editorial, Madrid, 2002.

—, *El caso Emy*, Biblioteca nueva, Madrid, 1973.

FUSINI, N., *Su boca más que nada prefería*, Anagrama, Barcelona, 1998.

HIRIGOYEN, Marie-France, *El acoso moral*, Paidós, Barcelona, 1998.

MC DOUGALL, J., *Las mil caras de Eros*, Paidós, Barcelona, 1984.

MICHELENA, M., *Un año para toda la vida. El secreto mundo emocional de la madre y su bebé*, Temas de Hoy, Madrid, 2002.

NASIO, J. D., *El libro del dolor y del amor*, Gedisa, Barcelona, 1996.

PERRON, R., *Por qué y cómo psicoanalizarse*, A. P. M. Biblioteca Nueva, Madrid, 2002.

PUNDIK, J., *No quiero comer*, Filium, Madrid, 2003.

RAIMBAULT, G., y ELIACHEFF, C., *Las indomables. Figuras de la anorexia*, Nueva Visión, Buenos Aires, 1991.

ROTH, G., *Cuando la comida sustituye al amor*, Urano, Barcelona, 1991.

SELVINI PALAZZOLI, M., *Muchachas anoréxicas y bulímicas*, Paidós, Barcelona, 1998.

TORDJMAN, G., *Cómo comprender las enfermedades psicosomáticas*, Granica, Barcelona, 1976.

TUBERT, S., *Deseo y representación. Convergencias de psicoanálisis y teoría feminista*, Síntesis, Madrid, 2001.

WINNICOTT, D. W., *Escritos de pediatría y psicoanálisis*, Paidós, Barcelona, 1981.

—, *Conozca a su niño*, Paidós, Barcelona, 1984.